U0919033

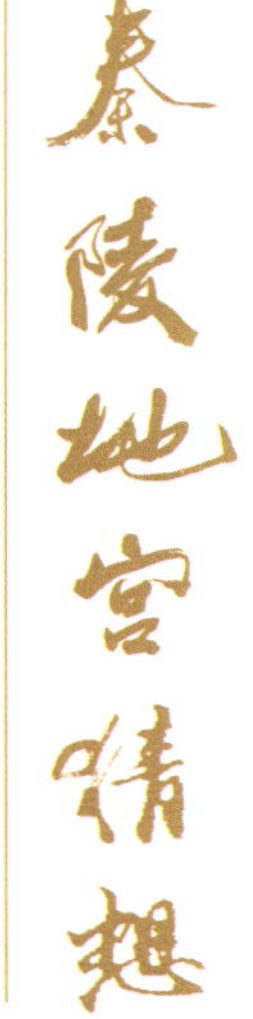

郭志坤 著

上海文艺出版总社
上海锦绣文章出版社

上海文艺出版总社

图书在版编目（CIP）数据

秦陵地宫猜想／郭志坤著．—上海：上海锦绣文章出版社，2007.7

ISBN 978-7-80685-827-1

Ⅰ．秦… Ⅱ．郭… Ⅲ．秦始皇陵—研究 Ⅳ．K878.84

中国版本图书馆 CIP 数据核字（2007）第 114147 号

书　　名：**秦陵地宫猜想**

作　　者：郭志坤

出 品 人：何承伟

责任编辑：李　欣　汪冬梅

特约审读：虞信棠　王瑞祥

装帧设计：袁银昌

印前制作：袁银昌平面设计工作室

责任督印：张　凯

出　　版：上海锦绣文章出版社 · 上海故事会文化传媒有限公司

发　　行：上海故事会文化传媒有限公司

电话：021-54667902

地址：上海市绍兴路 74 号

邮编：200020

印　　刷：上海研西印刷厂有限公司

经　　销：新华书店

版　　次：2007 年 8 月第 1 版　2007 年 8 月第 1 次印刷

规　　格：810×1050　印张 16

书　　号：ISBN 978-7-80685-827-1/G · 055

定　　价：58.00 元

如发现本书有质量问题，请与印刷厂质量科联系　Tel:021-59511666

STORIES

上海故事会文化传媒有限公司　出品（00107）　www.storychina.cn

上海故事会文化传媒有限公司所有图书可办理邮购，免收邮费（挂号除外）

汇款地址：上海市南绍兴路 74 号（200020）；收款人：上海故事会文化传媒有限公司

联系电话：021-54667910

目录

青铜鸿雁

序

这是一本文笔流畅、兴味盎然的通俗学术性著作，一经翻阅，就使人思路开阔，不忍释手，享受与作者郭志坤先生一起于驰想中畅游秦始皇陵的乐趣。

郭志坤先生是我的老朋友。我们初次相识是在“文革”刚刚过去的1977年，到现在已有三十年了。那时他正在撰著《中国宣传史》的先秦卷，蒙来垂询，讨论了古书里“上说下教”、“驰说”、“行说”等有关词语问题。郭志坤先生是记者，又当编辑，极为好学，对其所习中国古代史专业从不搁置，不时与我联系。或在北京，或在上海，我们多有对话交流的机会。2001年，根据上海市新闻出版局孙颙先生的创意，郭志坤先生将我们长期交谈的内容编排汇集，题为《中国古史寻证》，列入“名家与名编世纪初的对话”丛书，由上海科技教育出版社出版，我深觉不敢当，但自然深为感谢。

郭志坤先生专注于秦汉史，撰有《秦始皇大传》等。记得我们曾在北京谈过长沙马王堆汉墓，大家知道，马王堆一号墓轪侯夫人女尸发现之后，由于肉体保存意外良好，棺中又积满一种红色液体，很多学者认为棺液内含硃砂，能起杀菌作用，从而确保了尸身不腐。郭先生由此联想到秦始皇陵，墓主身份至为高贵，无上威权足以调动各种技术手段，采取保护遗体的措施，这与陵中极端豪华的设置是相称的。郭先生就此做了多方面的猜测，所写《秦始皇好端端躺在地宫里》、《秦始皇遗体保存完好并非不可能》等一系列文章在东方网发布，引起热烈反响。其实，秦陵地宫也曾吸引多位学者专家的猜想。

当年，周谷城先生就曾对郭先生说：“先秦时的竹简典籍也许藏在秦陵地宫里，秦始皇好读书，躺在那儿也有事情做。”

杨宽先生说："在秦始皇前后都行'黄肠题凑'的天子的最高葬制，看来，自命功劳大过三皇五帝的秦始皇不可能放弃'黄肠题凑'的天子之葬制。"

苏秉琦先生说："在秦始皇陵地宫里，宫中有宫，也许还有类似现代蜡像雕塑的文武百官在侍奉着始皇帝。"

蔡尚思先生指出，始皇陵封土有汞的异常反应，正表明《史记》的记载基本符合历史实际。

白寿彝先生还根据司马迁所说，对始皇陵的内涵进行了四点推断，那地宫中应有歌功颂德的铭刻，必以黑色为主色调，当为坚固永久的结构，应该随葬大量图书，详见郭志坤先生本书"前言"。

郭志坤先生又告诉我，他还访问过很多秦汉历史考古方面的专家，如袁仲一、吴永琪、王学理、何清谷、段清波、赵化成、张文立、田静、徐卫民等等，不能缕述。例如 1981 年即出版《秦史稿》的林剑鸣先生，曾形容始皇陵地宫的坚牢为"固若金汤"，原因他以六字概括："保尊，护宝，永生"。

曾长期任秦始皇兵马俑博物馆馆长的袁仲一先生在《秦始皇陵考古纪要》一文中讲到："秦始皇陵是中国古代封建帝王陵墓中规模最大、保存较好的一座陵园。1961 年被国务院公布为全国重点文物保护单位，1987 年 12 月被联合国教科文组织列入'世界文化遗产名录'，成为世界人民的文化遗产。关于始皇陵的情况，最早见于《史记》、《汉书》的记载，以后历代文献均有记述，……明都穆《骊山记》的有关记载，作了实地考察。

50 年代以前有人作过零星的考察。始皇陵的正式勘察工作，是从 60 年代初期开始的。1974 年以来，我们对陵区又进行了比较全面、系统的勘探。”自此以后，新的发现层出不穷，屡屡惊动学术界及社会公众，使始皇陵多次成为关注的焦点。应该说，秦始皇陵的保护、勘察、发掘和研究一直没有停顿过，而且是在迅速发展之中。

正如郭志坤先生所说，对始皇陵地宫的大规模发掘，是大家的殷切期望，然而限于科学要求和当前条件，在相当长的一段时间内恐怕尚难实现。在墓中奥秘揭露之前，根据已有线索，进行合理的、逻辑的推论猜想，是有益的。想象与科学并不拒斥，相反的，科学的进步常是倚靠于想象，这是许多学者反复强调过的。

《秦陵地宫猜想》比起郭志坤先生以前的有关文章，又系统丰富多了。有人说，郭先生是一位探索未知奥秘的潜水者，其出乎意料的猜想表现出他思维的深度。我相信，这本书的读者一定会从其内容的引人入胜，充分体会出这一点。

李学勤

2007 年 7 月 14 日

跪射兵俑

前言

秦王朝以及秦始皇的历史，并没有全都记录在浩瀚的史书里，尤其是有关营造了近四十年的秦始皇帝陵，由于记载语焉不详，更显扑朔迷离。有许许多多的事实深藏在神秘的秦陵地宫里，等待人们去探寻。

如今，被称为“尘土学者”的考古学家们所揭示而展现的秦俑军阵、铜车马及近几年发现的青铜鼎、青铜水禽等珍贵文物，激荡着每一位参观者的心灵，并引发人们去猜想。

猜想，往往比客观现实更美丽，更神奇，更动情，因此更富于魅力。自从 1974 年秦始皇陵兵马俑坑发现以来，国内外的人们对于秦始皇陵地宫的探讨掀起了一股热潮，连英国爱丁堡地区的中小学也曾搞过一次猜想竞赛，他们利用文字或绘画、模型等形式，来描绘秦陵地宫的景况，优胜者不仅作品被博物馆收藏，还可获一笔奖金到中国旅游，看看兵马俑和始皇陵。

英国考古学家戴维斯•肯特对秦陵作了一番考察之后曾经这样评说：“秦陵工程之所以成为奇迹，每一步都是成功的，造陵者不仅在选址上独具慧眼，而且在陵园的总体布局上也是匠心独创。”

法国考古学家大卫•博德在其著作赞叹不绝：“你很难见到如此宏大的陵园，秦陵简直就像一座建筑在地下的城市。布局相当奇特而又十分合理，很难找到一句合适的话语来形容秦陵的霸气！”

美国国家地理杂志在大篇幅介绍中国秦始皇陵时，认为如果能破解秦始皇陵地宫的秘密，那将是有史以来最大的考古发现。

笔者采访何清谷先生（摄于1993年8月）

随着时间的流逝，有关秦始皇陵的一些似是而非、真假难辨的故事也在正史和野史中不断出现，地宫越发神秘莫测。

四十余年来，秦始皇陵的考古工作从未停止过，为了探索秦陵的奥秘，他们细心揣摩古人使用过的器具，辨识无名工匠的真实用心，再现古代社会生活的生动画卷，领略帝王葬礼的威仪。虽然近年来又有重大发现，但秦陵最大的秘密——地宫之谜，仍然深藏在地下，至今只能猜想。

对于秦陵地宫的秘密，笔者曾撰有《秦始皇陵地宫的猜想》，在文汇报 “独家采访”专栏（1993年8月27日）刊发。此文刊发后，不止引起了学界的关注，一般读者也很有阅读兴味。一周之内收到三十余封信函，商榷有之，补充有之，更多的还是鼓励。如何清谷先生来信说，此文“既有学者的谨严，又有记者的敏感，集文史、美文于一篇”。何先生还希望我继续“猜想”下去，写出更多的通俗文章。

笔者拙著《秦始皇大传》书影

后来笔者调任上海人民出版社总编辑，肩负重任，虽说难以分心，但还不时关注秦陵的信息。1995年12月在北京师大同白寿彝先生商讨《中国通史》出版事宜时，言及拙著《秦始皇大传》以及《秦始皇陵地宫的猜想》一文，他说，秦始皇是千古一帝，值得大书，摆其功，列其罪，总结教训，有裨于今。我说，《史记》对秦陵地宫记载语焉

笔者采访白寿彝先生（摄于 1995 年 12 月）

不详，甚为神秘，短期内又不得开掘，难以明了。白先生回答说："要从文献资料的字里行间加以联接，有一成语叫'蛛丝马迹'，就是说，沿着蛛网的细丝可以找到蜘蛛的所在，按照马蹄的痕迹可以寻到马的去向。其实，司马迁对地宫的描述还是比较具体的。清人王家贲《别雅序》讲：'蛛丝马迹，原原本本，具在古书。'在史书上可以找到不少细节而又真实的状景。"

白先生一口气补充了四条：

其一，秦始皇自视自己的功绩超越自古以来的帝王，多次刻石表功，地宫必有颂德之词；

其二，秦始皇自视王朝是应五德之运而生，是以水德胜周之火德，衣物尚黑，不惜让朝堂之上黑压压的一大片，地宫必以黑色为主色调；

其三，秦始皇自视秦王朝永恒无期，所谓"二世、三世以至万世，传之无穷"，地宫必为坚固永久；

其四，秦始皇自视无所不知，又很好学，地宫必藏大量图书，包括世间所焚《诗》《书》、百家语及一切非秦国所记的历史图书，他人不得收藏，唯"真人"独有，以示"独尊"。

白先生的四条意见，其实，就是一种猜想的典范，对我启迪非凡。之后，我一直在搜集这方面的文献记载、考古发现以及考古学者的研究成果。凡出差路经西安，必去秦始皇兵马俑博物馆请教原馆长袁仲一研究员、馆长吴永琪研究员、副馆长田静研究员、原研究室主任张文立研究员等诸位秦陵研究专家。在多次采访李学勤先生时，他都提及对秦始皇兵马俑以及秦陵地宫的见解。

李先生说："从马王堆女尸保护完好，皮肤仍有弹性，可以想象到秦始皇的遗体的情况。说秦始皇遗体完好，就当时的防腐水平，以及中央集权、秦始皇的独尊身份来说，并非不可能。" 李先生说，在马王堆女尸出土的时候，棺材里注满了一种红色的棺液。科学家们相信，这种液体是使女尸两千多年来不腐的"神液"。棺液之所以是红色的，是因为掺加了硃砂，硃砂的化学成分中含有汞。可以肯定，这种红色液体具有杀菌作用，可以保证尸体不腐。

联想，使我的认识进一步提升。今年，就秦陵地宫若干问题撰写了几篇文章，发表于东方网，题为"秦始皇好端端躺在地宫里"、"秦始皇的遗体保护完好并非不可能"等，引起受众的兴趣，跟了不少帖子，共同商讨，同时也激发了我将多年来所搜集的资料以及自己的感言快快整理出来的心愿。就在此时，上海文艺出版总社的李欣先生和汪冬梅女士前来约稿。谈及"猜想"一题，他们甚感兴趣，要我尽快完稿。

在构思本书过程中，我不时通过书面、电子邮件及当面请教了数十位考古学家，先后拜访或拜读的专家学者有刘士毅、谭克龙、万余庆、段清波、王学理、赵化成，徐卫民、孙伟刚等等，这里恕我不一一列名了，他们的指点及其著述，使我受益很大。在秦俑博物馆采访时，馆长吴永琪、副馆长田静、研究室副主任卢建华给我提供了大量的研究著述和图片，让我得以仔细审视秦陵主人遗下的足迹；在秦陵考古队采访时，还得到队长段清波研究员以及助理研究员孙伟刚的热情接待，他们特许让我进入首次发现的石质铠甲坑，亲身感受先民们存留的气息，直接感知两千多年前秦帝国的武器装备。……在撰写《秦始皇大传》时，曾向周谷城、白寿彝、侯外庐、杨宽等名师请教过秦陵的诸多问题，启迪不少，笔者随时有所记录，此次也将前贤的高见辑于其间，以飨读者。

与其说笔者在猜想，不如说笔者将众多秦汉史研究成果综合起来，是集体的想象，若是言之有理，当是众人的睿智；若有谬误，当是笔者的孤陋和偏颇。这里还要特别说明的是，周全人、劳夫等画家读了本书稿并听了笔者的解说后，有所感悟，驰骋其想象，绘制了若干地宫想象画。画面虽系局部，但能略窥全貌；勾勒虽为写意，但能凸现实景，从而以艺术的手法也表达了本书笔者的一些猜想。于是欣然择其7幅以当模拟图刊于书中，以供欣赏。当然，这些判断和推测是否准确，以及准确的程度，要靠条件成熟的将来打开地宫所呈现的实在面貌来作最后的验证。

除了衷心感谢以上诸位专家学者外，还要衷心感谢李学勤先生，他学事鞅掌，但仍拨冗通读初稿，并有感而发，为拙作撰写序言。

猜想终究是猜想，不一定能代表历史的真实，谁也没有穿越时空的能力，谁也不能妄断真与假。

一千人眼中有一千个哈姆雷特，一千人眼中有一千个秦陵地宫。

郭志坤

2007年6月12日

远眺秦始皇陵：千秋伟业天地存。

1

秦始皇是一个极有心计和极为诡诈的帝皇，他严密宫禁制度，深居简出，隐蔽行迹，“所居宫毋令人知”，正是专制主义封闭特征的表现。既然如此，秦始皇为什么还要营建有这么高大封土堆的陵墓？这不是等于宣告：朕葬此地！难道秦始皇真的会做出“此地无银三百两”的傻事吗？那么——

地宫真的存于封土堆下吗？

历史上帝王的假墓、伪冢和隐址并不少见。

曹操有冢 72 处，至今真伪难辨，简直是在与盗墓者玩捉迷藏。

魏文帝曹丕《终制》说：“夫葬也者，藏也，欲人之不得见也。”故没有营造陵园和地宫，后人至今不知其安寝的“首阳陵”在何处？

元朝诸帝崇尚“深葬不坟”，隐去陵址。

成吉思汗的葬地极为隐秘，葬毕，以万马蹂之使平，茫茫草原，“人莫知之”。

朱元璋更把秘葬推到极至，传说死后其出丧场面有 13 口棺材，同时抬出 13 个城门，以乱其真。

万历帝入葬时，也有 18 口棺材分别葬在陵区的山中……

这一切，自然使人产生怀疑：秦陵地宫存在吗？它在哪？高高土堆之下会有地宫吗？

有的说：土堆下是没有地宫的，倘若有，也是假的，因为秦始皇就是怕人盗墓，造个土堆假装坟墓。

有的学者认为，秦始皇很怕人盗墓，为此可能营造一座假墓，此事可以博浪沙中铁椎误中副车一事为据。说秦始皇在出巡时有意安排若干辆副车，其作用有两：一是作为皇帝的备用车，以备皇帝的乘车出现故障时使用；二是与皇帝乘车形制基本相同的若干辆副车被编入车队之中，使图谋危害皇帝的暴徒一时摸不清皇帝究竟乘坐哪辆车中，这无疑会增加皇帝在旅途中的安全系数。

有的学者认为秦陵地宫不在土堆下，还从秦始皇的诡诈性格来加以论述，认为秦始皇深居简出，隐蔽自己的行迹，下令将咸阳周围二百里以内的二百七十座宫观，用高架的“复道”和有围墙的“甬道”互相连接起来，把帷帐、钟鼓、美女安置在里边，并分别登记在案而不许移动。也就是说，秦始皇的行踪是不得外泄的。《史记 · 秦始皇本纪》载：“行所幸，有言其处者，罪死。”其意谓，始皇有所临幸，假若有人透露出他所在地方，就要被判罪处死。

秦始皇是一个极有心术和计谋的帝皇，他听从卢生“愿上所居宫毋令人知”的建议，严密宫禁制度的做法，正是专制主义封闭特征的表现。于是有人发出这样的质疑：秦始皇营建这么高大的土堆，这不是等于宣告世人：朕葬此地。秦始皇也是聪明人，绝不会做出“此地无银三百两”的傻事。也就是说，地宫不在土堆之下。

所以，有不少学者推测，土堆是一种假象，这里是假冢。但更多的是说，加高土堆就是为了保护地宫，宋人卢氏注张华《博物志》就这样认为：“秦氏奢侈，自知葬用珍宝多，故高作陵园山麓，从难发也。高则难上，固则难攻。项羽争衡之时，发其陵，未详其至棺否。”其实不然，高筑土堆反而暴露目标。

者采访秦始皇兵马俑博物馆馆长袁仲一（摄于 1992 年）。袁仲一先生：“秦陵地宫规模宏伟、埋藏丰富，两千多年来一直是人们非常感兴而又不易索解的秘密。”

地宫不在封土堆下，那么，在哪里？有的说，地宫筑在深深的骊山里，其根据是筑了四十年，不然，平地挖坑哪要干这么长的时间？！

民间传说以为，秦陵地宫在骊山里，还说，骊山和秦陵之间有一条长长的地下通道，每到阴天下雨的时候，地下通道里就过“阴兵”，人呼马叫，非常热闹。据悉，考古学家根据这个传说曾作过很多考察，却一直找不到这个传说中的地下通道。

传说的东西往往是扑朔迷离、真假难辨的。考古学家重视证据、相信科学。据袁仲一先生介绍，考古学家依《史记》有关地宫里“以水银为百川、江河、大海”的记载，从水银的异常反应，寻找探寻秦陵地宫的突破口。1981、1982 年，中国地质科学院物探研究所曾采用现代科技手段，在秦陵封土的中心发现一个面积约 1.2 万平方米的强汞异常区，地宫中存有水银的记载被初步证实。

专家推断说，地宫就在土堆之下，其面积达 18.032 万平方米，相当于 10 个兵马俑一号坑的面积，仅地宫上穴的面积就比秦公一号大墓大 47 倍还要多；墓室底部面积达 1.92 万平方米，相当于 48 个国际标准的篮球场大。

物探测汞的原理是：汞是具有挥发性的金属，如果地宫中存有大量的汞，封土堆表面的土壤必然会吸附从深处挥发的汞，汞含量应高出周围土壤。据测，当时取土化验所发现的汞异常是 10 倍，最高为 20 至 30 倍。考察人员还用取样机插入土中，抽取了土壤中的空气做

秦陵外貌全景图：巍峨的秦陵虽历两千多年之沧桑，如今雄姿依然。

测量，同样也测出了汞异常。探测中，科技人员发现地宫上方的土壤汞“异常”的分布很有规律：北东最强，南西次之，北西最弱。这就证实了《史记》中“以水银为百川、江河、大海”的记载，说明土堆下是秦陵地宫。

那种“封土下并非真正的地宫所在”的推测，不对了。

那种“地宫墓室在骊山深处”的臆断，也不对了。

当时认为地宫就在封土堆之下，其根据只是土壤汞“异常”。

过去几十年中，考古人员用洛阳铲在近60平方公里面积的秦始皇陵区掘探了70多万个孔，希望发现地下陵墓的秘密，但由于没有科学的定性，收效甚微。考古学家在土堆上测得汞异常的结果，又无法判断真假。陕西省文物局副局长刘云辉认为，现代先进技术测出“异常”情况之后，还得靠传统的考古方法，并以多种探测手段来加以印证。

考古就是从寻找异常开始的。谚语说：“是水清澈，是火通红。”

考古人员在现场：导找“异常”

“木头也有三分火性。”异常是一种象征，它给人以猜想。中国地质调查局专家、国家 863 计划地球物理综合探测考古秦始皇陵课题项目组负责人刘士毅先生以“寻找异常”为自豪，他说：“我一辈子的工作就是寻找异常！”2002 年 11月 2 1 日，刘先生领着 20 人的队伍，带着各种探测仪器从北京赶到西安临潼，站到了秦始皇陵看似寻常的封土堆表面，使用数十种物探新技术，寻找地下最细微的异常。

物探工作好比医生用 X 光给病人检查身体，因为人体病变部位和正常部位存有差异，X 光片才成为有用手段。在秦始皇陵物理探测的总体设计方案中，采用所有先进方法的突破口都是在寻找数据的异常。

物探，按常理说应该是比较容易的，因为探测的对象是静物。其实不然，探测陵墓要比给病人拍 X 光片复杂得多。刘士毅说，拍 X 光片时，为了排除衣物和金属佩饰的干扰，最简单的方法是让病人脱掉衣服，而在地质探测中，就不可能那样方便了。

是啊，陵园的地面建筑早已荡然无存，但是，在探测中有着强大的不明干扰源，因为封土堆上的各种建筑物和金属物品、园内地下埋藏的水管、部分建筑物和碑石都含有磁性和电性。墙外还不均匀地分布着许多村庄、工厂，电网密布。所有这一切又不能拆除。

国家 863 计划地球物理综合探测考古秦始陵课题项目组负责人刘士毅先生说："勘结果表明，秦陵地宫就在封土堆之下，墓并未坍塌，且未进水。"

刘士毅先生说，除了以上的干扰源外，最让人担心的是，如果封土里包含有大量的砾石，对于勘探地宫将是致命的干扰。

物探到底能取得多大效果？刘先生说：心里不是很踏实。于是尽量在物探之时以恒心加细心，心心紧扣在“异常”上。他们在秦陵物探使用的八类 22 种方法中，电法探测和化学方法的效果最为关键。

刘先生解释说，按物探设计方案，冬季地表水分最少，相应的电性干扰也最小，所以是电法测试的最佳时机。

在封土堆上方东西和南北两个走向上，刘先生的物探小组每隔 50 米布置一条剖面，沿线把用于测量电阻率大小的电法仪插入土中接收数据，相当于把封土堆作为一个“大导体”，选择不同的位置作为正负极进行电击，以测定深处不同部位的电阻率。刘先生介绍说，物体的导电性不一，空气电阻率高，水和金属电阻率低，人工夯土又比含气孔较多的生土易导电，电法探测利用了这些物理常识。当时电法探测使用了 9 种。

测量人员把每条剖面上收集到的数据输入电脑后，经去除地形影响及干扰源的校正处理，最终将数据合成二维断面电阻率异常图。

一见异常图，刘先生显得特别兴奋。他说，在封土堆中心下方，所显大片深蓝色之处，明显是一个椭圆状的高阻体。根据图中高阻体的位置和大小，可以推断出电阻异常由石质或是非石质墓室空洞引起。

刘士毅介绍说，冬天气候干燥，表面土壤含水少，深层土壤含水高，常理应该是地表高阻，地下低阻，这样规则的椭圆状高阻体，很可能是由一大团空气引起。这也从侧面说明墓室并未坍塌，且未进水。若是坍塌了或者进水了，电阻都会明显降低。这一推断，在其后的核磁共振及氡气探测中同样得到了验证。

地球是个大磁体。磁法探测就是寻找内部磁性的异常。经过不断的磁性测定后，他们发现封土有明显的磁性，且不同位置磁性有一定的差异。在封土堆中部呈现醒目的长方形状异常区。这种异常说明什么？专家作了推断，认为这里应该是环绕地宫的地下宫墙。为了确保准确性，又作了磁法和重力探测。负责重力、磁法探测的袁丙强先生说："夯实的土壤由于密度增大和物理结构改变，磁性也会增大，细夯土的磁性又大于粗夯土。"袁丙强是地质调查局发展研究中心的研究人员，也是刘先生的一位助手。

经过传统的洛阳铲探掘验证证实，封土堆下方确实存在完整的细夯土墙。对此，考古人员起初还不敢相信这是事实，因为考古发掘中从来没见到过地宫周围有夯土墙的这种墓葬制。后来再经洛阳铲探掘，掘上来了细夯土，大家的心中才真正有了底。刘士毅先生感叹说："地宫的存在，毕竟大家都想得到；阻排水渠是以前就探测到的；唯有夯土墙是前无古人的发现。"

在磁法探测确定夯土墙存在后，根据"细夯土的密度远大于粗夯土，导致重力异常"的推断，测量人员又用灵敏度极高的重力仪在封土堆上对重力异常进行了探测，在细夯土上方测到了明显高的重力

笔者三十年前与近期参观秦陵留影

异常，结合矩形磁异常，最终测出宫墙实际范围，其探测结果相当精确：145 米 ×125 米，而地宫范围是：170 米 ×145 米。

在刘士毅先生的带领下，项目组通过在秦陵陵区用物探的方法对秦陵地下进行综合探测，得出了“地宫就在封土堆下”、“地宫周围有一周细土夯墙”等一系列的推断性结论，并用详细的数据描绘出地宫的位置、范围、大小和深度。据刘先生介绍，他们所采用的物探设备是国际一流的，其方法也是世界先进水平的，有地面弹性波法、磁法、地质雷达法、高密度电法、重力法和测汞法、高精度磁法等先进方法，其中，高精度重力已达到了极限精度。

测温法，也被使用了。温探的结果和物探的结果一致，也表明土堆下有地宫。

中煤航测遥感局遥感应用研究院环境所工程师周小虎向媒体讲了

一个很有趣的现象：有一年元月初，秦始皇陵区气温降至零下 12 摄氏度，封土堆上的石榴树却开花结果，而在封土堆南墙外的石榴树则一片凋零。这是什么道理呢？周小虎作了解释说："陵区墙外的土壤未经扰动，而封土堆土壤的结构和含水量则已发生改变，又因为墙内地下存有地宫，才使得土壤相对温度较高，从而造成植物长势的差异。"

这些精确的探测结论是否完全能证实秦陵地宫的存在呢？在没有经过反复的考察之前，考古学家是不会轻易下结论的。陕西省文物局副局长刘云辉认为，现代先进技术虽然测出了秦陵地层的"异常"，但在缺少基本参数的情况下，仍然要靠传统的考古方法进一步探索来证实。

2003 年 7 月 15 日，在秦始皇陵封土堆东坡灌木林中，考古工作者使用了传统的办法，对地层作了进一步勘查。这把铲子的使命，是用传统方式来检验和证实此前运用遥感、物理探测等高科技手段勘探的成果。1 米、2 米……直到 30 米深，地下突然传来"咚咚"的异响——洛阳铲碰到了硬物。在现场的秦陵考古队长段清波先生异常激动，因为洛阳铲好比胃镜，这编号第八的掘洞下面，正是此前使用物探方法推断出的石质地宫范围。这"咚咚"的响声震撼着考古界人们的心。

这次探掘，探明地宫就在秦陵封土堆的顶台及其周围以下，距离地平面 35 米深，不仅探明了深度，还探明地宫呈矩形形状：东西长 170 米，南北宽 145 米，面积大约 24650 平方米。墓室位于地宫中央，东西长约 80 米、南北宽约 50 米，面积大约 4000 平方米，高 15 米，大小相当于一个标准的足球场。这就勾勒出秦陵地宫不为人知的画面。

千百年来，有关秦始皇陵地宫的传说纷纭而又神秘。如今，经全面勘测，笼罩秦陵心脏的迷雾被一层层地剥开，所有勘测结果都表明：秦陵地宫就存在于现封土堆之下。

2

始皇帝企图将“朕之天下”传之于万世，对墓址的选择特别讲究。人们从历史、地理、风俗等诸多方面对秦陵选址加以推测，有“战略要地”说、“行宫”说、“缘分”说、“金玉”说、“礼仪”说、“龙眼”说、“风水”说，等等。秦始皇——

何以选择骊山筑陵？

自古以来，人们把墓地位置的选择看作是一件关系到逝者福祉和荫及后世的大事，认为，人死后是有灵魂存在的，灵魂能庇佑生者，给人带来吉祥，也能骚扰生者，造成祸端。至于是吉是凶，完全取决于死者灵魂能否在阴间世界安宁幸福地生活。特别像秦始皇这样一个企图将“朕之天下”传之于万世的帝王，对墓地位置的选择更加讲究了。

秦起于今甘肃天水附近，这是西周孝王封伯益之后的地方。秦的都城随着国势的发展，一迁再迁，其王陵也随着东迁：由西垂至雍城，又移栎阳，再进咸阳，先后有四个陵区。雍城陵区在今宝鸡市之东、凤翔附近。栎阳陵区在今咸阳东北。咸阳陵区在今西安市东郊白鹿原一带。

咸阳已有第四个陵区即东陵了，秦始皇不在这里为自己筑陵，为何非要单独在距离不远的东陵之北为自己另择一地筑陵呢？

这里有历史、地理、风俗等诸多方面的推测：

一是“战略要地”说。认为此地处灞、渭两水之间。其东方，左有

骊山全景图：山势起伏，层峦叠嶂，令人产生仰高而止、天人合一之感。

崤函之固，右有武关之险，进可窥中原大地，退可守关中沃野，自古以来就是一处战略要地。所以在骊山一直设有烽火台，仅烟墩就有20余处。周幽王为买宠妃褒姒一笑，而酿成“烽火戏诸侯”的历史大悲剧，从而葬送了西周王朝。此地实为咽喉要地。

二是“行宫”说。这里风景优美，正如著名学者张奚若先生所形容的那样：“一无所有，气象万千。”所谓“一无所有”，并非说真的什么也没有，而是说秦川宽广，极目远眺，一览无余。那儿前可望秦岭，后可望九嵕，西有岐山，东有华岳，山川形势，物华天宝浑然一体，生成了“气象万千”的壮观景象。可见自古以来，这里就是风景胜地。周天子常与宫人在此游玩。秦穆公也曾在此地修过行宫。自然之美最为诱人，秦始皇也把阁道修到骊山，以便常来此地游乐。据说，秦始皇曾在“汤泉砌石起宇”，把这里作为洗浴游乐的行宫。生则享其乐，死则居其地。

三是“缘分”说。传说秦始皇在这里游玩时碰到一位漂亮的神女，

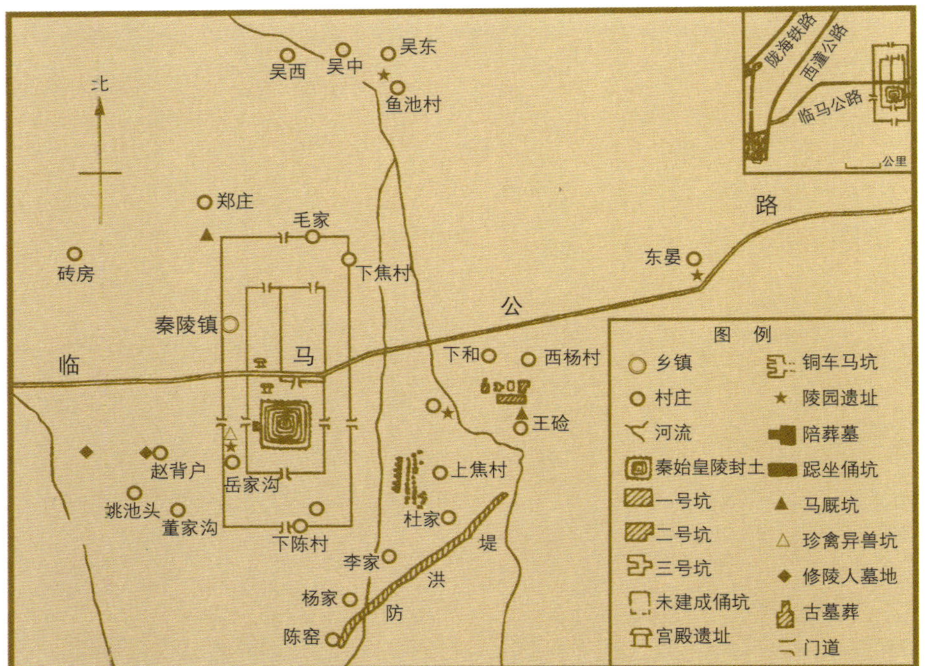

秦始皇陵是中国历代帝王陵中规模最大、藏物最富的陵园。此为秦始皇陵园平面示意图（选自袁仲一著《秦始皇陵考古发现与研究》）。

并调戏了她。神女大怒，往他脸上唾了一口。于是，秦始皇便生了一身恶疮，久治不愈。于是他便去向神女叩头谢罪，神女赐给他温泉洗脸，才把疮治好了。后来秦始皇在骊山上修建了沐浴之宫，常以温泉洗浴。虽然这是一个传说的神话故事，但隐约可以看出秦始皇与骊山有着些许缘分，似乎说明秦始皇与骊山的关系是很密切的。骊山是一座死火山，山上确有许多温泉，温泉中水流出地面的温度为四十三度，水中含石灰、碳酸锰、碳酸钠、硫酸钠、氯化钠、二氧化铝等，可治疗皮肤病及风湿症。

四是“金玉”说。北魏地理学家郦道元在《水经注 · 渭水》中对秦始皇之所以要将陵寝地选在骊山之阿的原因作了这样的解说：“秦始皇大兴厚葬，营建冢圹于骊戎之山（一名蓝田山），其阴多金，其阳多美玉。始皇贪其美名，因而葬焉。”汉辛氏《三秦记》也说：蓝田“有川，方三十里，其水北流。出玉、铜、铁、石”（《后汉书 · 郡国志》注引）。

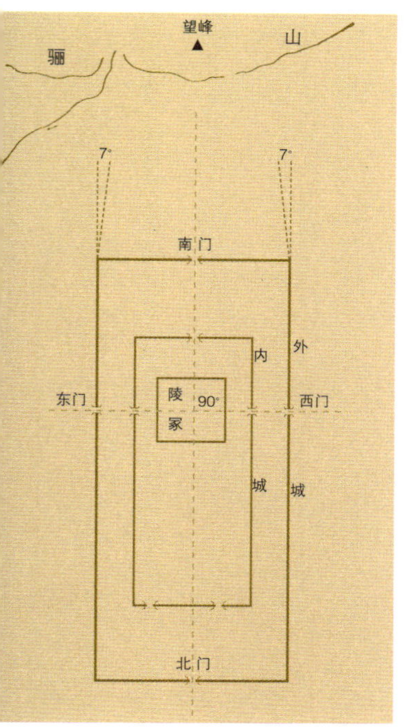

峰，又名尖峰。王学理先生认为，秦始皇在营造时以望峰为准，进行大面积的地形制，其准确度相当高。此为骊山望峰与秦园控制关系示意图（选自王学理著《秦始陵研究》）。

此说，得到学术界众多学者的首肯，认为一则“多金多玉”为财富之象征，二则能“不朽”，与日月共久长，正如东晋人葛洪在其《抱朴子》一书中所说的“金石在九窍，则死者为之不朽”。

五是“礼仪”说。从古代风水的观点来看，建坟的地方要背山靠水，坟建在高处，穴要挖得深一些。这样，坟在高处，地势开阔，明堂清亮，秦始皇陵所在的地方，正符合秦人的礼仪要求。顾炎武《日知录》卷十五说：“秦兴西戎，宗庙之礼无闻，而特起寝殿于墓侧。”顾氏认为秦兴起于西戎的环境之中，不懂得宗庙之礼，因此开创了陵侧起寝殿的制度。此言不确。秦始皇对墓址的选择也是依礼仪而行的。《史记·礼书》云：“至秦有天下，悉纳六国礼仪，采择其善，虽不合圣制，其尊君抑臣，朝廷济济，依古以来。”

六是“龙眼”说。有的认为，这与古人迷信风水宝地是分不开的。近年来，地质学家根据卫星从高空拍摄的图片来看：从骊山到华山，山势好像一条游龙，逆渭水西进。秦始皇陵正好位于龙眼的位置。按照风水学的说法，此选址乃“画龙点睛”之笔，这不该视为今人附会之言，而是古人 “高瞻远瞩”之智。

七是“风水”说。认为是受到“依山造陵”传统观念的影响。依山傍水被古人视作最佳风水宝地。早在春秋战国时期已兴起了依山造陵的观念。后来人们选择墓地又特别重视依山傍水的地理环境（见《秦始陵园渊源试探》，载《文博》1990 年第 5 期）。现在从风水角度来看秦始皇陵也不失为一块理想的风水宝地。“立冢安坟，须藉来山去水”（见《大汉原陵秘葬经》）。至于这个观念始于何时，无从考起。有的学者原本以

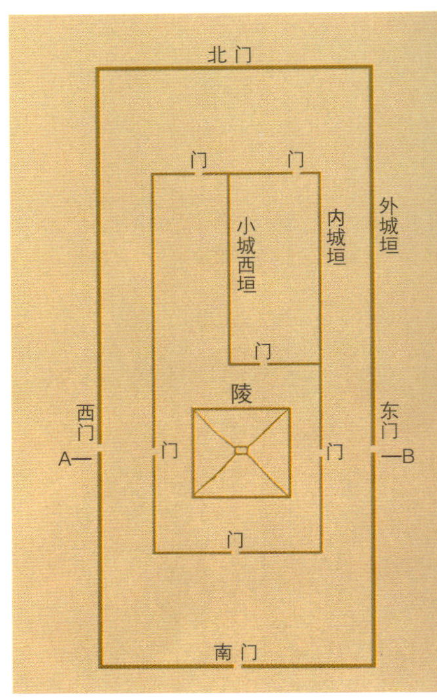

在双重城垣的护卫下开创了中国古代帝王陵园建筑的先河。此为秦始皇陵园及陵、墓平剖图（选自王学理著《秦始皇陵研究》）。

为秦始皇陵是“依山造陵”的典范，进一步考证之后认为“依山造陵”的结论不够全面，也不甚确切；现修改说：秦始皇陵是“依山傍水”造陵的典范。陵南靠骊山，横向如枕，北临平原而又渭水如带，可说是“依山傍水”的“上上阴宅”。

诸说并存，尚可争鸣。但“来山去水”则是有目共睹的不争事实。秦始皇陵园南依骊山，北临渭水。然而在秦始皇陵的东侧还有一道人工改造的鱼池水。按《水经注 · 渭水》记载：“水出骊山东北，本导源北流，后秦始皇葬于山北，水过而曲行，东注北转，始皇造陵取土，其地于深，水积成池，谓之鱼池也。…… 池水西北流途经始皇冢北。”

鱼池水原来是出自骊山东北，水由南向北流。后来修建秦始皇陵时，在陵园西南侧修筑了一条东西向的大坝，坝长1000余米，一般宽40多米，最宽处达70余米，残高2至8米，它就是人们通常所说的“五岭”遗址。正是这条大坝将原来出自骊山东北的鱼池水改为西北流，绕秦始皇陵东北而过。

此外，在陵园东侧，有川流不息的温泉水经过。据《水经注 · 渭水》记载：“在鱼池水西南有温泉水，世以疗疾。”《三秦记》曰：“郦山西北有温泉。”可见当年的温泉与西北的鱼池水相对应。由此不难发现秦始皇陵的风水特点是，南面背山，东西两侧和北面形成三面环水之势。“依山环水”不正是秦始皇陵特意选择的风水宝地吗？山高水长。以山之高，喻帝王地位的崇高；以水之长，喻帝统之久远。秦始皇陵选址的真实寓意即在于此。

秦代“依山环水”的造陵观念对后代建陵产生了深远的影响。西汉帝陵如高祖长陵、文帝霸陵、景帝阳陵、武帝茂陵等就是仿效秦始皇陵“依山环水”的风水观念选择的。以后，历代陵墓基本上继承了“依山环水”的建陵思想。

张海云、孙铁山认为，中国历代流传一种“山环水抱必有大发”的风水说，此被无数古都和历史名人的故居所证实，原因是“山环水抱”收拢了宇宙牴场而使人群得以生存繁衍并强盛起来。所以历代帝王选择国都以及陵墓地址，都按此原则观风相水，慎重斟酌。秦始皇陵之所以选在骊山，其风水观念的影响则是形成陵墓位置的主要方面。秦陵右靠骊山，左傍渭水，面对广袤的原野，形成了独特的天赐之势。秦始皇陵园的位置在礼制上符合祖陵不断向东延伸，而晚辈居东的思想。正是受“山环水抱必有大发者”观念的支配，秦始皇才将陵址选择在骊山之阿，而并非像郦道元所云，始皇贪其多金多玉的美名，才把陵墓安置在此处的。

对于“金玉”说，秦汉史专家张文立、张占民等持有不同的新见，他们认为，自小在宫廷中长大的秦始皇在选陵址时刚满13岁，他怎么能知道这骊山之阿多黄金和多美玉？况且，经过地质工作者近几年对始皇陵以北广大地区的勘探，并未发现有大量的黄金散落于这里的泥河之中，其含金的比例微乎其微。由此，这“其阴多金”就不能不令人产生困惑并怀疑郦道元记述的失误。

说到气势，不能不提及“关中十八陵”，它绵亘在300余里的山峦上，其最大的共同点就是绝大部分因山造陵，从山腰中横向凿墓道至主峰之下，筑穴为地宫。这里所显示出陵墓的宏伟气势，决不是秦始皇陵堆土为陵所能比拟的。这里有其节俭薄葬的理念，更凸现宏伟壮观的意味。

对于秦始皇之所以将陵址选择在骊山，张文立、张占民先生也有新说，即认为随着秦国国都由西向东迁徙，政治、文化中心东移，秦皇陵墓区也相应地由西向东转移。中国古代对族人的葬地十分重视，一般都要安置在国都附近。秦在雍城建都时，秦公的墓葬都在雍城附近。1986 年考古学者发掘的秦公一号大墓，便足以证实了那段葬制历史。而秦的国都由雍城东迁之后，秦王及族人的墓地也相应地东移，其跨度从咸阳一直延伸到临潼县韩峪乡附近。近年来经过考古调查，在这一带发现了几座大型秦墓便是佐证。

侯外庐先生说："秦始皇尽管那么独裁，可对风水怀有敬畏之心，对于陵址的选择是不敢独断专行的。"

笔者认为这是切合历史实际的观点。始皇帝正是在这条由西向东的延伸线上为自己筑造陵墓的。经过考古勘探证实，在他陵墓以西 20 里左右，便是其父秦庄襄王的陵墓。

选择骊山，并非一个人说了算。也就是说，选择墓地，至少要经多方论证，发挥集体的智慧。1980 年 5 月 28 日，笔者访问侯外庐先生时，他讲了古人做学问的方法（见《文汇报》1980 年 6 月 5 日），论及秦陵选址考证问题，侯先生说："葬，是藏，是秘而不宣的，可始皇帝偏偏要布告天下：朕在此地。坟高五十丈，相当于现在的五十层高的大楼，这是很招摇的，看上去是矛盾的事。不过，事物是由矛盾构成的。如此广而告之，等于号令世人到了阴间，还是到朕宫殿一游。不然，他确实成为'孤家寡人'了。大家去了，安全嘛，不怕！因为东门有成千上万的卫士守卫！秦始皇的一切都从他的心态出发，考虑周全。所以说，不能轻易否定'始皇寝宫即在秦陵土堆之下'的说法。"他还说了一段故事：在明初，刘基、徐达、汤和曾在蒋山为朱元璋选墓地，约好各人都选一处，写好地点，藏在袖筒管里，然后一齐拿出来看。明孝陵址就是这样选定的。决定之后发现旁边有孙权墓。当时有人想把它迁走。但是朱元璋说：不必了。孙权也是一条好汉，留在这里可以为朕守大门。虽不是个人说了算，但最后还是帝王钦定的。由此，也可想见，当年的秦始皇尽管那么独裁，可对风水怀有敬畏之心，对于陵地的选择是不敢独断专行的。

3

史书说，秦陵“上象三山，下穿三泉”，那秦陵不就是很像埃及萨卡拉高地上的乔赛尔“梯形金字塔”么？尤其巧合的是，埃及金字塔的四面都正对着东、南、西、北四方，而始皇陵也正如此；金字塔内部有水银，始皇陵内也有水银。对其高度，中外考古界也是众说纷纭，至少有十余种的说法，究竟——

秦陵封土有多高？

秦始皇陵由地面高耸的封土堆和地下的地宫两部分组成，封土堆下即为神秘的秦陵地宫。

依古礼，墓上是没有封土的。“坟”和“墓”是两个不同的概念，筑土为坟，掘地为墓。最初只有墓而没有坟。到了原始社会末期，才开始有了人工封土的坟山，但还不普及。直到夏商周时代，人死之后，大多还是平地而葬，墓地上不起坟，也不栽树，这叫做“不封不树”。史籍上有载，如《墨子》说，禹葬于会稽，就埋在一片耕地里。后来“墓不封土”的古制被彻底打破了，打破者不是别人，正是崇尚夏商周三代古制的孔老夫子。

据《礼记 · 檀弓上》记载，孔子把他的父母埋葬之后，学生们帮他在墓地上封土，一堆就堆了四尺高的坟头。孔子当初的思想也是处于矛盾之中，一面让学生们这样做，一面又感叹地说：古代是墓不

秦陵与金字塔

封土的，所以要这样做是因为自己是一个“东南西北之人”，若不堆上点土作个标志，等下次回来扫墓时，就找不着父母坟墓了，在情与礼的冲突中寻求一种平衡。

后人就此谴责孔子，说孔子口是心非，明知故犯，认为他至少犯了两个错误：一是墓不封土，他却给父母墓封了四尺高的土堆；另一个是夫妇不合葬，他却把父母合葬了。

其实，这一始作俑者也不是孔子。就以墓地封土一事为例，诸侯国君们早就如此了，而且排场很大。《吕氏春秋》有载，那些国君的墓上，丘垄高得和山一样，封土上种树多得和森林一样；在坟头四周修建寝宫、阙庭和高台阶建筑物和都邑一样。孔子在父母墓上堆起四尺高的坟头，又算得了什么！

春秋战国之后，坟即墓冢的高度亦成为墓主身份等级的标志。作为至高无上的始皇帝，其陵墓封土显然更要高大。

据《汉书 · 楚元王传》记载，始皇陵上的封土堆呈三级阶梯状，就像一个覆斗，底部近似方形，“高五十余丈（约 115 米），周回五里余”。有人形容这是比古埃及法老的金字塔更宏大的金字塔形皇陵。由于造陵大量取土，在皇陵北 5 里左右的鱼池村附近，形成了一处约 100 万平方米的低洼之地，长久以来，积水成池，后世谓之鱼池。

巨大的封土岭是用一层层黄土夯筑而成的，经过两千多年风风雨

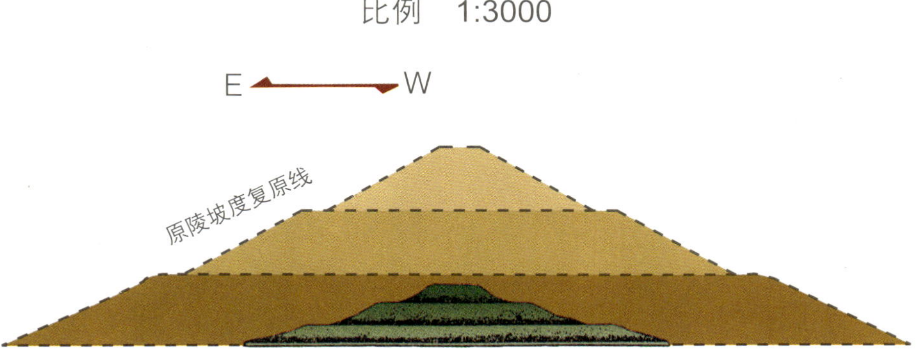

秦始皇陵"三坟"坡降示意图（选自王学理著《秦始皇陵研究》）

雨的侵蚀，夯土依然细腻结实，可见当年工程劳作的精细。

关于封土堆的造型，也有一些有趣的解释。

有的说，它是沿袭了殷代的享堂墓；

有的说，它是模拟自然界的高山；

有的西方学者还提出了一个更让人惊异的观点，即认为秦始皇陵根本就是一座东方的金字塔。

提出金字塔造型观点的是法国考古学家萨加仑。他认为，这座陵墓高150英尺（45.72米），底座呈四边形，每边长1000英尺（304.8米），外形分为三层，一层叠着一层。而史书上也说，"上象三山，下锢三泉"，那秦始皇陵不就是很像埃及萨卡拉高地上的乔赛尔梯形金字塔么？尤其巧合的是，埃及金字塔的每一面都正对着东南西北四方，而始皇陵也正如此；金字塔内部有水银，始皇陵内也有水银。

正是基于这种种相似性，有学者提出了金字塔东移说。但大多数学者对此表示异议，认为中国文化自成一格。不过换个角度来想，倘若始皇陵果真是"金字塔"，是不是显示出在2000多年前，东西方文化就已有了密切的接触，这不是一件更令人惊奇的事吗？

对于秦陵封土高度，不同朝代有不同的记载。

最早对秦始皇陵高度记载的历史文献是《汉书 · 楚元王传》，此时上距秦亡约180年，传中云："秦始皇帝葬于骊山之阿，下锢三泉，

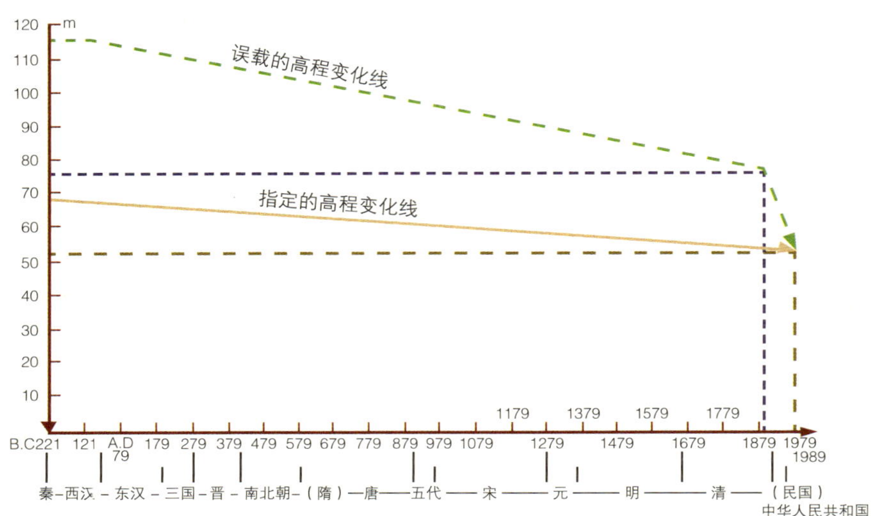

秦始皇陵高程变化示意图（选自王学理著《秦始皇陵研究》）

上崇山坟，其高五十余丈，周回五里有余。”

当时的五十丈折合现在尺寸即有115米之高，周长2076米。两千多年之后的今天，经过实测，现存封土堆已大大缩小，周长只有1390米，底部面积12.075万平方米。

历代的学者都对秦始皇陵进行过研究，最早走出书斋实地考察秦始皇陵园的是明代学者都穆，他经过一番考察后，撰写了《骊山记》，文中忠实地记录了陵园内外城门址的具体尺寸。他所记载的封土高度只有14米多。

1906年，一位名叫足立喜六的日本学者，也对始皇陵封土的高度作了测量，他量得封土高度为76米。

11年后的1917年，一位叫维克托•萨加伦的法国学者也来测量了封土，他测得封土高度约为46米；同时，他第一次提出封土的巨大外形并非完整的四棱锥体，而是有三层明显的台阶。

从有关文献资料看，对于秦始皇陵封土的现存高度，中外考古界也是众说纷纭：有35.5米、41米、约43米、约46米、51.7米、55.05米、71米、约76米、87米等十余种说法。

袁仲一先生是早期参加兵马俑发掘的专家之一。对于秦始皇陵封土高度的各方之说，他提出了自己独到的看法。他认为，秦始皇陵整个地形像一条鱼的脊背，从不同的角度测量就会得出截然不同的观测数据。

有一种说法认为，秦始皇正好活了50岁，因此，陵园封土就修筑了五十丈高，即现在的115米。这是一种联想，没有任何文献记载。

有的学者认为，陵高实为三十丈，是文献传抄有失，“把三十丈（69.6米）误抄为五十丈”。这也是一种推测，没有可靠的根据。

对于封土的锐减，十有八九的学者将其“归咎于”千年风雨侵蚀。风雨侵蚀有内因和外因两种，内因包括地形和土壤性质。这里地形有一定的陡度，泥土容易被雨水冲走，同时土壤颗粒径大，虽能抗水蚀，但不抗风蚀，大风一起，干土连沙便被刮走。

有的说“堆土不能生长植物，是因为土被炒过了”。其实，并非如此。堆土下层是用了鱼池挖来的土，最上层则用骊山脚下挖来的沙质土。笔者推测，使用骊山下的土，不完全是路近，更重要的是这种土不利于植物的生长，当时使用这种沙质土作为土堆，也是设计施工人员的刻意之所为。其目的显而易见，就是要让土堆上草木不盛，以减少隐蔽处，这样盗墓者就无处遁其身了。因此，选用沙质土也是防盗措施之一。

考古学家又从地理学作了进一步的阐述：唯有良好的植被才可以防止水蚀和风蚀。在降暴雨时，植冠的枝叶阻挡雨滴下落，消耗雨滴的动能。植冠残体形成天然地面覆盖，其中一部分分解腐烂，为形成土壤团聚体提供优质腐殖质，使土壤保持更多的大孔隙。刮大风时，植被减弱了地表风速，表层土壤颗粒不容易被吹走。秦陵土堆 有良好的植被，怎不被侵蚀！除风雨侵蚀之外，还有人工的切削。这是可以想见的。

前不久，学界又提出一种新说："五十余丈"（约 115 米）只是封土工程的设计高度，该工程最后因秦是一个短命的王朝而成了没有完成的"半拉子工程"，现今秦陵封土高度站在陵墓北侧平台测量是 51.4 米。

秦陵考古队长段清波研究员说："五十余丈115 米）只是封土工程的设计高度，该工程后因秦是一个短命的王朝而成了没有完成'半拉子工程'，现今秦陵封土高度站在陵墓侧平台测量是 51.4 米。"

这是陕西省考古研究所研究员、秦陵考古队队长段清波提出来的。他以汉陵的自然缩降变化作对比分析，认为汉陵现测量高度数据与文献记载两千年间的变化并不大，相差不过两三米而已，故而水土流失等自然因素对秦陵封土的锐减不会产生很大影响。封土工程是在秦始皇死后开始的，后来约有一半人被抽调到阿房宫建设工地。陈胜、吴广的部下周文后来打到了距陵园只有几华里的戏水（今西安临潼新丰镇附近）。惊慌失措的秦二世来不及抽调军队迎战，赶紧让章邯将封土工程的参建者武装起来匆匆迎战，导致封土工程停工。

此说有一定道理。一下子把封土的施工人员抽调去抵御农民起义军，这一去而不复返，显然影响了封土堆的土方的运输。所以，封土高度减少了许多，不完全是风雨侵蚀所致。

不过，封土的高度应该是不会太低的，那种 14 米之说显然是一种误传，也许是 74 米之误。从史料上知道秦始皇生前穷奢极欲，建造了覆压三百里的阿房宫等大型宫殿；死后，他的陵墓一定会建成一个庞大的工程。

建造如此巨大的封土，显然是为了显示他始皇帝的尊威。除了显

刘秀力主薄葬，曾颁诏书："务从约省。"

示帝王的威严气派外，秦始皇陵修建封土的另一个重要作用，就是为了防盗，即保护封土之下的地宫。

防盗，也是历代帝王大伤脑筋的事，据载，刘秀对营造陵墓与历代帝王不同，他一直保持低调，一则同人家相比，要晚24年，不像秦始皇那样十三岁即位就开始筑陵。二则以薄葬为尚。为何要这样？他倒说了老实话：古代帝王就用陶人瓦器陪葬，用木车草马送殡，所以埋葬在什么地方世人不知，这符合葬之目的，葬者，藏也。就是不要世人知道。西汉文帝刘恒懂得人生始终来回的道理，景帝又能遵循他的教导，所以天下虽然几经反复，只有霸陵是完好的。刘秀在遗诏中为后事特意作了规定：各地刺史、俸禄在二千石的官员都要坚守岗位，不必到京城参加葬礼。在诏书中说："朕无益百姓，皆如孝文皇帝制度，务从约省。"刘秀力主薄葬，是前帝之教训，因为西汉文帝施行薄葬，所以霸陵未遭挖掘。

对此教训，秦始皇是无法吸取的，他只能吸取先祖的教训。先秦时期的盗墓方式几乎全都是"大揭顶"，包括挖洞，挖进地宫取走随葬品。这一点，设计人员是充分注意的。营造秦陵的主持人相国吕不韦在《吕氏春秋》中说到，先秦时期的盗墓者为了掩人耳目，在厚葬之大墓旁侧择定住居以为掩护，日夜不停挖掘，从地穴入墓，得盗钱宝之利。这些"奸人掘冢"的方式不能不引起营造陵墓的主持人和设计者的警觉，进而采取防范措施，加高加固土堆即为一策。

4

传统说法，秦陵封土之来源：一是从墓中挖出来的土，二是从鱼池一带取来的土。经实地勘查，又发现骊山脚下巨型凹陷处有明显人工挖掘的迹象，且凹陷的土质也与封土相同。于是又产生新说，认为由山下的鱼池取土显然要费力得多，而从骊山脚往下运土顺势，距离也较近。倒底——

秦陵封土取于何处?

体积庞大的封土堆堪称国内之最，据陕西省考古研究所研究员王学理先生的统计，仅陵地的堆土就有644万立方米。墓圹容积约409万立方米，由于椁室占有相当大的空间，其填土如按三分之二计算，再加上封土和墓道填土，夯筑的坚土总量在1400万立方米！这么巨量的封土取于何处？亦是众说纷纭。

一说“运于咸阳”。在临潼地区长期流传一种说法，认为封土堆是秦始皇陵的一个象征，土从咸阳运来，似也顺理成章。因经过火烧炒，所以陵上寸草不生。此言其源出于民间传说，炒土之说显然有些离谱，陵上并非寸草不生，如今所见，封土堆上石榴树密布，灌木丛生。若说有焦土，那是土堆上被焚烧建筑物所留下的灰烬。再说，“运于咸阳”费工巨大，此举当不可取。

一说“取于墓中”。大多学者认同此说。据《史记 · 秦始皇本纪》载：

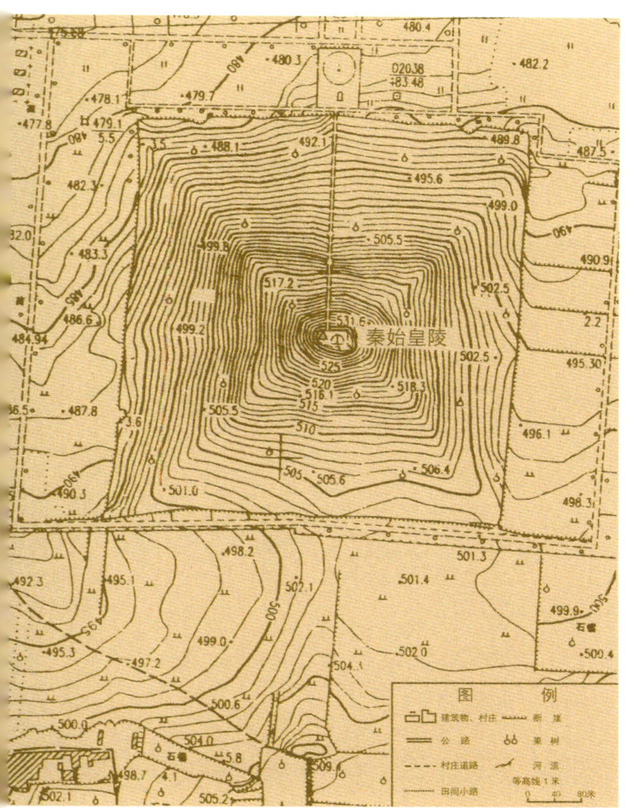

建秦陵地宫系自上往下掘土，形状呈覆斗形。此为秦陵地形图（选自
中一著《秦始皇陵考古发现与研究》）。

“覆土骊山。”唐代张守节作了这样的解释：“谓出土为陵，既成，还覆其土，故言覆土。”（《正义》）其意是说，把原来从墓穴中挖出来的土，再回填到墓上去。由此而成土堆。

一说“就近挖取”。郦道元在《水经注 · 渭水》中说：“始皇造陵，取土，其地汙深，水积成池，谓之鱼池。池在秦始皇陵东北五里，周围四里。”经过实地考察，在秦始皇陵封土东北 2.5 公里的鱼池村与吴西村之间，确实找到了这块地势低洼、形状不规则的大水池，有人曾估算鱼池总容积达 200 万立方米。经鉴定，如今鱼池水库的土质、土色与秦陵封土大致相同，也是适于夯筑的土壤。“就近挖取”而成“鱼池”的说法得到了陕西省考古学会副会长、秦始皇兵马俑博物馆原馆长袁仲一等考古专家的认可。

大部分学者认同封土的来源有两个方面：一是从墓中挖出来的土，二是从鱼池一带取的土。笔者认为此说比较符合实际：封土取于墓中之土，若不够再“就近挖取”。

近年来，经考古工作者进一步勘探表明，秦陵封土含有一些砂石，显然又与鱼池处的土有所区别，似与秦陵南面的冲积土相近，含有从骊山上冲刷而下的砂石碎屑。

于是，秦陵考古队队长段清波对“取土鱼池”之说提出了质疑。他说：“在对封土堆进行探掘中，从洛阳铲中提取了大量的土样，发现土中夹

骊山脚下凹陷的土质与封土相同。此为骊山景色。

杂着大量的沙石；而取自鱼池里的土却是纯净的黄土，且黏性强，极少含有砂石。取土于鱼池一说值得商榷。”此话有据吗?

有的。在对秦陵陵区进行高光谱遥感探测中，发现了秦陵南部的骊山脚下有一处南北走向的串珠状巨型凹陷。中国煤炭地质总局航测遥感局遥感应用研究院环境所高级工程师万余庆说，经实地勘查，他们发现这个深达30米的巨型凹陷处于山间冲击扇的缓坡上，与周围地形特征格格不入，且有明显人工挖掘的迹象，而凹陷的土质也与封土相同。于是又产生新说，认为封土来自于骊山脚下。中国煤炭地质总局航测遥感局遥感应用研究院环境所的周小虎认为，秦陵陵区地势南高北低，而且落差很大，由山下的鱼池取土显然要费力得多，而从骊山脚往下运土顺势，距离也较近。

笔者认为，秦陵封土用量大，不能简单地说来于某一处，可能来源于不同的三处，共同营建了秦陵封土，一处为鱼池附近之土，一处为地宫掘出的土，一处为秦陵南面骊山脚下的冲积土。

不管用于何处，其工程量是相当大的。秦始皇兵马俑博物馆原馆长袁仲一先生，对此工程量作了详细的分项估计，仅陵墓的地宫、封土的用工量约151132042个工日，占了整个秦陵营建工日很高的比例（袁仲一《从秦始皇陵的考古资料看秦王朝的徭役》，见《秦始皇陵兵马俑博物馆论文选》）。

5

秦始皇好以勒石为自己歌功颂德，向世人宣告他的丰功伟绩，五次巡游中所留下的石刻，可以作证。再加，身边还有像李斯等一批制文作辞高手。作为永存纪念之地的骊山，应该留存不少石刻、石雕。或许被好心的“守冢人”集埋于一地，不然——

为何不见当年的大型石刻、石雕？

驻足汉茂陵前，注目凝视，心向神驰。两侧花岗石雕的慓悍粗犷，令人豪气为之激荡，壮志因而昂扬。

站在唐乾陵、昭陵上，极目远眺，心旷神怡。陵前大型石雕的雄伟气魄，使人心胸为之开阔，神志因而奔驰。

到了秦陵时，你会被众多高大的兵马俑所激动，被富丽的铜车马所震撼。

此时此刻，很自然让人提出一个问题：同样是至高无上的独尊天子，为何乾陵、昭陵都有大型石刻，而秦陵却没有，这是为什么？

依常理说，秦始皇好大喜功，崇尚鸿篇巨制，尤其对能留之久远的石制品特别倾心，他五次巡游天下，每次都要刻石立碑，宣扬自己的煌煌功业，扬威四方，以加强控制。再说秦汉之时早有勒石雕像之风。唐朝刘禹锡在《汉寿城春望》诗中，说到了寿州楚王墓前的石雕情景：

茂陵

汉寿城边野草春，荒祠古墓对荆榛。
田中牧竖烧刍狗，陌上行人看石麟。
华表半空经霹雳，碑文才见满埃尘。
不知何日东瀛变，此地还成要路津。

马踏匈奴

跃马

从诗里可以想见，楚王坟也是厚葬，墓前有华表、石麟、石碑等，一派庄严肃穆之仪卫。秦始皇自视功绩显赫，必会在自己的陵墓上设有象征仪卫的象生石雕。宋代有位名叫封演的，他写过一本书《封氏闻见记》，其中这样写道："秦汉以来，帝王陵前有石麒麟、石辟邪、石象、石马之属。"用这些作为"生平之象仪卫耳"。其意是，石刻反映了刻者的平生气象、胸怀和情趣。

汉墓前的石雕，如今还可以在茂陵霍去病墓前看到那些慓悍遒劲的马踏匈奴、卧牛等石雕。从上面的引文来看，封演似乎见过秦汉帝陵上的石雕，可是如今这些石雕哪里去了呢？

联想那汉光武帝刘秀的原陵，至今保存比较完好。陵冢至门阙间，

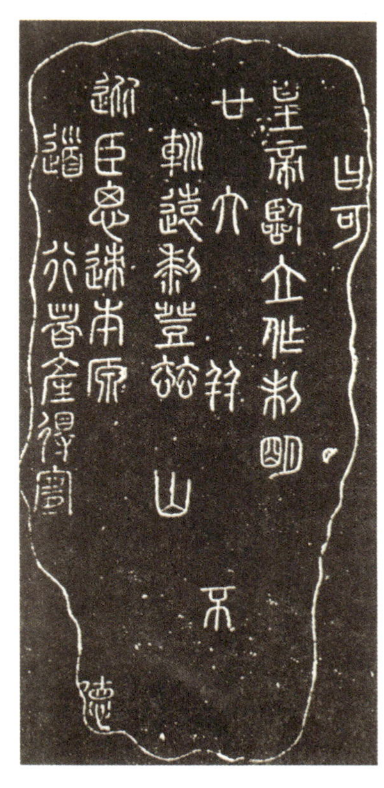

泰山刻石、峄山刻石

有神道，两旁原设石象、石马、石翁仲等，还有巨柏28棵，传为纪念辅佐刘秀打天下的“云台二十八将”，由此推测在秦陵地面上当有石碑，或是歌颂皇帝伟绩，或是纪念大臣功德。

难道秦陵真的没有石刻、石雕？回答是否定的。秦有不少石刻传世，这是毋庸置疑的事实。这些石刻，之所以在秦时应运而生，一方面因为秦始皇喜好以石刻为自己歌功颂德，向世间展现他的丰功伟绩。五次巡游中所留下的石刻，可以作证。另一方面秦始皇身边有一批“吹鼓手”，还有像李斯等一批镌刻高手，如峄山刻石，当是出自李斯手笔，泰山石刻也为李斯手书，据北魏郦道元《水经注 · 泗水》载：这两处石刻均系秦始皇命丞相李斯所书。在巡游四方之时，都留下了宣扬皇威的石刻，作为永存纪念之地的骊山却没有留下石刻、石雕，这当然不可思议。于是产生了种种猜测：

有一种说法，石刻无非是宣扬自己的功绩，秦始皇已在出巡时四

乾陵前之无字碑

处勒石了。“刻石著其功”、“立石颂秦德”、“刻石颂秦德”，仅在《史记》里记载的就有峄山刻石、泰山刻石、琅琊刻石、东观刻石、碣石门刻石、会稽刻石等，作了大量的自我宣传，已足矣！

又有一种说法，土堆就是一种“刻石”，也算是另一种形式的“无字碑”。

还有一种说法，秦始皇以兵马俑代替了神道之侧的柱、碑、石刻象生，不过是不陈于地面，而藏地下，这是始皇帝的隐蔽术，使得秦陵更具有神秘色彩，从而秦陵地宫的安全也能得到更有效的保障。

秦始皇和武则天都是非常张扬的人，不过，表现不一，秦始皇粗悍，强于炫耀，武则天细密，工于诡计，她立 “无字碑”，意在让人去评说。睿智的郭沫若曾为此题诗云：“没字碑头镌字满，谁人能识古坤元！”坤者，女也；元者，帝王也。“古坤元”指武则天。郭在另一首诗说：“岿然没字碑犹在，六十王宾立露天……待到幽宫重启日，还期翻案续新篇。”富有想象力的郭老做了不少的翻案文章，但他又是重文献重实物的，所以要等地宫发掘之日再作续篇，没有开掘之前，只能凭想象。同样，对于秦始皇陵的石雕石刻的景况也只能是猜想。

是否有大型的石刻石雕？早于封演的晋代人葛洪在他的《西京杂记》中提供了一条重要的信息。他写道：“五柞宫，其西有青梧观。观前有二梧桐树，树下有石麒麟二枚。刊其胁为文字，是秦始皇骊山墓上物也。头高一丈三尺，东边者左脚折。折处有赤如血。父老谓其神，皆含血属筋焉。”五柞宫是汉武帝建造，在周至县。

乾陵

乾陵前的翁仲石雕

《西京杂记》上所说五柞宫西的青梧观前，有一对石麒麟，头高一丈三尺，系“秦始皇骊山墓上物”。虽没有说是怎么会跑到今周至县东尚村镇的临川寺附近，但茂陵陪葬墓石雕存在的事实，不能排除始皇陵园有石雕的可能性。这段记事，白纸黑字，历历在目，应是可信的，说明秦陵初建时是有大型石雕的。

保存至今的墓前石刻群中，要数霍去病墓前的一组石刻最古。霍墓是汉武帝茂陵的陪葬墓。《史记》有载：“冢上有竖石，前有石马相对，又有石人。”笔者所见，现存石刻 14 件，计有跃马、卧马、卧虎、小卧象、卧牛、卧猪、鱼、龟、蛙、石人、怪兽吃羊、力士抱熊、马踏匈奴等。其中不少石刻是为了表彰霍去病战胜匈奴的威武和功绩。杨宽先生说：如此众多石刻“正如把他的坟墓建造

地藏国宝炳千秋。此为秦陵第一鼎。

成象征战胜匈奴的地点祁连山一样”。从中也让人联想，秦始皇统一天下的威武和功绩，也会在秦陵众多的石刻石雕中得到体现。

那么，这些石雕到哪里去了？

多数人认为，是被毁了，而且据说是毁于项羽刘邦之时。刘邦在楚汉战争时，历数了项羽的罪行有十条。后来刘邦即帝位后“以亡秦为戒”，又不断指控秦始皇，认为秦始皇有“繁法严刑”、“赋敛无度”等暴行十余条。在此舆论下，秦始皇就是一个十恶不赦的暴君。显然，原先宣扬始皇帝丰功伟绩的石刻、石雕之类，会毫不留情地被拆除然后销毁。有的学者认为，正由于秦陵地面建筑遭受破坏严重，西汉王朝才作出“与秦始皇帝守冢二十家”的举措，如此派专人守护秦始皇陵，既是殊遇，也是对秦陵的保护。或许守冢人为了便于守护，把石刻、石雕集埋于一地而被“淹没”了。

不是吗？秦陵考古队助理研究员孙伟刚给笔者讲了“秦陵第一鼎”埋藏之谜：如此气势磅礴恢弘、造型精美厚重的铜鼎之所以置于封土附近，可能就是在秦末战乱期间，守陵人员为避免铜鼎遗失，而特意从寝殿搬运并埋藏在这里的。

为了加强对秦帝国疆域的控制，炫耀皇帝至高无上的威权，秦始皇多次到东方、北方、南方各地巡视，风尘仆仆四处奔走。翦伯赞先生说，秦始皇在统一中国以后的

翦伯赞先生说：秦始皇是统一中国立了奇功的英雄，当时人就“刻石彰其功”了，在秦陵必有不少刻石、雕像之类的陈设，不过，日久被毁失散了。

笔者采访秦始皇兵马俑博物馆研究室原主任张文立研究员

十二年中，前后出巡五次，几乎走遍了他的国土。秦始皇是统一中国立了奇功的英雄。翦先生曾为曹操翻案，撰有《应该替曹操恢复名誉》一文，所以要为曹操恢复名誉，就在于曹操一贯把统一中国当作自己的政治使命，为后来的西晋统一，铺平了道路。翦先生还说，秦始皇这位雄才大略的千古一帝，结束了春秋战国以来群雄割据的混乱局面，开创了中国版图的新局面，其功彪炳史册。当时就有人为他歌功颂德，“刻石彰其功”。在秦陵必有不少刻石、雕像之类的营造。不过，日久被毁失散了。笔者在采访贾平凹先生时，据贾先生对文物的熟知，作了这样的推测：“秦陵地面上的文物，失散了，到哪儿去了？我看，多数藏于民间，在文物市场有不少秦砖汉瓦之类的古董，说不定就有秦陵的文物。”

平凹先生说：“秦陵地面上的文物，散了，到哪儿去了？我看，多数于民间，在文物市场有不少秦砖瓦之类的古董，说不一定就有秦的文物。”

对于秦陵石刻、石雕的失传，张文立先生曾撰文写道：“两千年的沧海桑田，秦陵上的石刻、石雕一个也不存在了，实在可惜。它们丧失于历代的兵火中，也丧失在人为的破坏中。项羽烧秦宫室，破坏秦陵。后来，因为建筑灞桥，元朝人曾把秦陵上的一大方石，搬去修灞桥。秦陵石刻，就是这样被搞得失散了。”张先生为此喟然长叹：“文物不可再生产，秦陵文物赖大地的保存。”

是啊！失散，是重要的一方面，另一方面是否会把珍贵的石雕、石碑藏于地宫里呢？相信这一悬疑真相终究会大白于天下。

6

依常理，有皇陵必有皇后陵。汉承秦制，西汉帝后同茔别葬，不同穴，而东汉则大都合葬。汉灵帝刘宏死后，建文陵而葬，他的何皇后死了，则打开文陵而合葬之，但秦始皇却在营造陵园时不留皇后的墓穴，学界常有质疑——

为何没有皇后的墓？

被誉为“世界八大奇观”之一的秦始皇兵马俑是秦始皇陵墓的一部分。其宏大的规模，令人叹为观止。秦始皇的陵墓除此之外还有城墙、寝殿、官署等地面建筑。因此，秦陵是一个规模空前的地下建筑体系，里面埋藏着古代劳动大众的智慧结晶。

从秦始皇陵的布局来看，内外城墙、寝殿、飤官官署、铜车马坑、马厩坑、百戏陶俑坑、文官陶俑坑、青铜水禽坑、石质铠甲坑等，这些反映现实生活的设施和用具应有尽有，安排得也十分严密有序。

近年来，考古工作者对秦始皇陵地宫的外围进行了卓有成效的勘探工作。但令考古工作者不解的是，陵园内没有发现皇后陵。文献上也从没有见到秦始皇皇后活动踪迹的记载。这究竟为什么？

有的认为，这是由于秦始皇死后皇后仍健在，秦王朝又很快覆灭，因此皇后未能葬在陵园内。此说遭到了质疑：如果真是这样的话，在陵园内也应该预先留下皇后陵的位置，而始皇陵园内为何没有皇后陵

汉武帝茂陵，侧为皇后陵。

的插足之处呢？

按常理说，有皇陵必有皇后陵。以西汉为例，西汉帝后同茔别葬，不同穴，而东汉则大都合葬。《后汉书 · 帝后纪》及《礼仪志》中都有记载：如汉灵帝刘宏死后，建了文陵，后来他的何后死了，要下葬，就“开文陵”，若不合葬，何用再开陵呢？汉承秦制，而秦与战国时代的帝王陵葬制有着传承关系。

20 世纪 70 年代，在河北平山县战国时期的中山王陵中，出土了一张“兆域图”铜版，在长 94 厘米、宽 48 厘米、厚约 1 厘米的铜版上，用错金银的方法表示出宫垣、茔域、各建筑的名称、位置以及中山王的诏书，在陵园内有一字排列的五座陵墓，最中间的是中山王，两侧分别是王后、哀后、夫人。国王与他的王后及妃子们死后埋葬在一起，这是当时各国普遍存在的现象，更早的春秋时期也是如此。

踵秦而建的西汉亦沿此制。咸阳原上有九座汉皇帝陵园，每座陵园内都有两座显赫高大的封土，一座为皇帝陵，一座为皇后陵。后起的唐宋明清莫不如此，如武则天归乾陵合葬、开宝皇后与宋太祖合葬，明宫规矩更是如此，皇后与皇帝合葬于十三陵。

唯独秦陵不见皇后坟墓。

究竟何故？史学家作了诸种分析。秦陵考古队长段清波认为，这种现象可能与秦始皇青少年时代的生活经历有关。他在《秦俑》一书中这样写道：

统一文字、统一度量衡、统一货币，华夏一统，独尊为上。

“虽然13岁即位为王，但并不理政。开始由他的母后和吕不韦执掌朝政，后来他母后的面首嫪毐不甘寂寞，频频染指朝政。在他行将正式加冕前，又发动叛乱，差点把他废为平民。母后擅权以及不检点的生活，在相当长的一段时间内给朝政带来灾难性的混乱，以至于后来很长时间内秦王都拒绝与母亲见面。等到秦王正式执政后，时时刻刻地保持着对后宫干预政治的高度警惕性，因此一直到他临死前都拒绝立后，他不愿等他百年之后，再发生他曾经历的故事。在三十八年的陵园建设过程中，始皇始终不渝地坚守着这一想法，也就不奇怪了。”

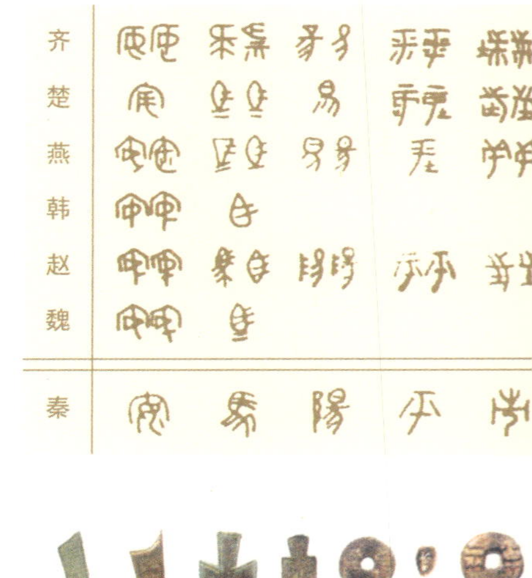

此说，言之有理！秦始皇作为庄襄王的儿子，他自幼就听到过有两个父亲的风言风语。他还对自己母亲出身姬妾一事特别反感，更恨他母亲和宦官嫪毐不正当的关系，而嫪毐由于有母后作后台，肆无忌惮。所以在他执政9年之后，羽翼已经丰满时，先镇压了嫪毐之乱，并处以车裂的极刑，同党皆枭首，还夷其三族，以斩草除根。同时也不放过介绍

所绘秦始皇形象威严，千古一帝，"唯朕独尊"。

嫪毐进宫的自己的生父吕不韦，让他服毒自杀，对母后也采取了隔离的办法，不许她走出咸阳宫。秦国大臣为此纷纷劝谏，可他根本听不进去，并下了一道骇人的命令：凡就此事劝谏者，格杀毋论！但群臣仍继续进谏，秦王连声喊杀，前后共杀了27名大臣，尸体高垒于城门之下。

就在此时，来了茅焦犯颜直谏。据《说苑 · 正谏》记载，茅焦历数秦王政的狂悖之行，其言语之尖刻可谓无以复加，远远甚于已死的进谏者。茅焦把秦王政比作桀纣，见秦王政怒气越来越大，便把话锋一转："令天下闻之，尽瓦解无向秦者。臣窃恐秦亡，为陛下危之。"其意是说，大王诛假父、杀二弟、迁生母、连斩进谏大臣的事，如果被各诸侯国的人知道了，天下的贤士都将为此而寒心，还会有人再到秦国来辅佐大王兼并天下吗？臣私下担心秦将因此而亡，为陛下而感到万分危险。茅焦的话字字千钧，使秦王政顿时醒悟，并亲自将母后迎回咸阳宫。与此同时，秦王政当即立茅焦为"仲父"，爵为上卿。

可是，赵姬却变本加厉地放纵情欲，给秦王政带来无地自容的耻辱。他恨他的母亲，以至他会毫不顾及母子亲情，又将其逐出家门，幽禁宫中。

由此，秦王政对淫乱有一种特殊的憎恶感。他曾竭力表彰巴蜀寡妇清自立自强而又不淫的贞洁操守。像巴蜀寡妇这样的女性才是他理想的母亲形象。后来，巴蜀寡妇清亡故后，秦始皇亲自为她“筑女怀清台”，明显是对其母亲淫乱的一种鞭笞。从这一连串行动来看，他对自己家庭隐私，是抱着铭心之痛的。在此复杂的感情之下，着意降低皇后的身份，不使她抛头露面，在修筑陵园时不留皇后的墓穴，也是一种情绪发泄。

有的学者认为，由于秦始皇迁怒而对皇后贬其身份，不能自圆其说。再则，秦始皇对其生母尽管有些怨恨，但毕竟是自己的母亲，还是有情感的，当会在秦陵里安置母后的坟墓，问题是尚未寻到。此说，举了在邯郸活埋其母的仇人为证。当年，年幼的秦始皇与其母在赵国为了躲避追杀，东躲西藏，忍气吞声地过日子。二十多年过去了，他成了秦王。在赵国受气的经历是其一片挥之不去的阴影，这种报仇的心理压抑了二十多年，就变得无以复加了。秦王政攻灭赵国，再次回到邯郸，把曾经同其母亲家有仇的人统统抓起来，全部活埋，以此来泄当年之恨。据史学家证实，秦王政攻打赵国邯郸时确实活埋了一些当年在赵国结下仇怨的人，但大规模地活埋儿童的残忍场面也是夸大其词。这里既说明秦始皇对其母的深厚情感，更说明战争对人类的残酷无情。

不留皇后的墓穴，除同秦始皇的身世有着极大的关系外，笔者认为还有其重要的因素，那就是“一墓独尊”的缘故。

“皇帝”一词，在战国时代已经出现了。《庄子·齐物论》里有，《尚书》里也有，都是用来称呼前代帝王的，表示一种崇敬赞扬之意。“皇”有辉煌、美丽、伟大的意思，近乎神，“帝”

秦铜权

刻有统一度量衡 40 字诏书的秦青铜诏版

则是至高无上的主宰。把“皇”和“帝”联起来，就给前代帝王蒙上一层神圣的光彩，显得无限英明而伟大。所以皇帝是一种至高的尊号。秦始皇自认为“德兼三皇，功高五帝”，所以《史记》说：他就采用了上古“帝”的位号自封，这就是“始皇帝”了。

有的还从秦始皇暴戾残忍，不讲人性来论述始皇帝的排他性：唯我独尊。在搜捕诛杀嫪毐的同时，连小孩子也不放过，他命令将嫪毐与太后私通所生的两个儿子，即同母异父的亲兄弟“囊扑”而死（装在麻袋里摔死）。这种铁石心肠，正是独裁至尊之恶疾。由是观之，不设皇后之墓，也正是独尊之所为。

为了独尊，秦始皇实施了一系列的霸道与忌讳。看来，秦始皇就是“避讳”的开创者。陈垣《史讳举例》：“避讳为中国特有之风俗，其俗起于周，成于秦，盛于唐宋。”所谓“成于秦”，是就整个两千余年的避讳史而言的。秦始皇统一天下之初，避讳之俗，远较前代为严。司马迁《史记》谓秦始皇“畏忌讳”，贾谊《过秦论》称“秦俗多忌讳之禁”。其避讳旨在独尊。确实，作为历史上第一个真龙天子，在完成了席卷天下、囊括四海的统一大业而掌握了专制强权之后，其个人威严的维护，是极其容易走向极端的。嬴政时代，讳“楚”，讳“正”、“朕”，足以显示皇帝霸道与偏执的忌讳。

由此充分表明，秦始皇自视极高，表现在营建坟墓上要与古人不同，必须有自己的新局面：至高无上，一墓独尊，以体现君临天下，俯视众生的王者之严。

7

大多学者认同秦陵地宫是一个巨型的竖穴墓圹，大致包括了墓室、别室（侧室）、墓道三大部分。然而，内部是砖木结构，还是石木结构？说法有异。从考古结果来看，应是——

石砌结构的地宫

有关秦陵地宫的结构，到目前为止，也和有关地宫的其他悬案一样让人困惑而猜疑多端。

“洞室”说。有人认为，秦陵地宫可能类似于现在陕西关中地区农村还存在的洞室墓，不过它是一座规模较大的洞室墓罢了。

但是，考古专家们从多个方面论证之后认为，秦陵地宫不可能是洞室结构。春秋战国时期，洞室墓与竖穴墓并存，但是，洞室墓多用于小型墓，而大中型墓多用竖穴式，因为对于大中型墓而言，洞室结构是很难造就大跨度的。

“竖穴”说。秦始皇兵马俑博物馆原馆长袁仲一先生认为，地宫的结构形式应与春秋战国及秦汉时代大型墓葬的墓室结构相似，即多层台阶的方形或近似于方形的土圹，土圹的四面设置有墓道，中心放置棺椁，中腰有多级台阶。这一推想代表了目前学界对秦陵地宫结构的基本看法。

关于墓室的结构问题，不可能超越时代和技术，而应该和春秋战

整齐排列的兵马俑军阵，无疑是在守卫地宫里的始皇帝。

国及秦汉时期的大型墓葬的墓室结构近似。这里援引王学理、程学华等考古学家所总结的考古资料作为推导，从中获得了解：

上自殷周、下迄汉代的大型陵墓，凡是在平川地带营造墓室者，无不穿土为圹，做成朝天的竖穴墓椁墓，在椁顶上横铺原木，再填土夯实，与地平齐。已经发掘的如殷墟侯家庄西北冈“亚”字形大墓、武官村“中”字形大墓、妇好墓以及凤翔的春秋时期秦公一号大墓、随州曾侯乙墓等，都提供了这方面很好的例证。

战国晚期虽然开始出现洞室墓，但这还只局限于小型墓葬。西汉中山靖王刘胜夫妇的墓穴固然是大型的洞式墓，也开了“以山为陵”的先河，但这属于凿山为藏的另一种类型。另外，像湖南长沙象皮咀的吴氏长沙王墓等都具有较为复杂的木结构墓室，它包括着前室、后室、两层回廊、甬道等部分，内置“题凑”、两重木椁和三重套棺。其结构特点是摆脱了传统“井椁”的固有形式，在木椁室前端已经设了门，原来的头箱、边箱和脚箱分别演变为前室、回廊和后室，而前室又分外高大、宽绰，处于突出的地位，内置案、盘和果品，象征宴享或祭祀之所；回廊则由若干个小室组成，后室则放置棺。显然，这

从大小各态的陪葬坑可以想见地宫的侧室结构

是模拟地上宫室建筑而来。那么，具有更大规模，而时间早此四五十年的秦始皇墓室结构，岂能没有相同之处吗？（引自王学理著《秦始皇陵研究》）

秦始皇陵所在的地理形态固然优美，但它却处在骊山北麓大水沟口的山前洪积冲积扇的前缘地带。这个冲积扇的扇缘部分较为宽大，东西跨越几近两公里。陵冢南北的坡向呈正方形的阶梯状倾斜，由南往北递减。据考古探测，两侧的冲积覆盖层由砾石、砂砾、亚黏土、泥砂和黏泥混合组成，其中心厚度可达150米，这样的地形、地质构造，使当时在选择陵墓地宫的具体位置时，就无疑地要面临一对突出的矛盾。那就是，冲积扇心的地势虽然高亢、富有气势，但地面狭小，砾石很大；而同一高度的扇缘部固然开阔，但地质结构疏松，稳定性差，其黄土层尽管深厚，却地势偏低。于是，陵墓设计者优选的解决办法只能是在“营建

棚木虽塌，但留秦代先民的智慧与创造。此为二号兵马俑坑出土的棚木遗迹。

圹冢”上下功夫：在地面开阔而地势偏低的黄土地上深掘圹穴，然后再加高封土。这样，就把利用自然形势和人为地改造地形巧妙地结合了起来，从而在“骊山”旁边又矗立起一座人工的“山林”。（引自王学理著《秦始皇陵研究》）

汉承秦制，有关葬制也如此，《后汉书·祭祀志下》记载：“秦始出寝，起于墓侧，汉因而弗改。”

秦陵地宫的营筑方法，首先是从平地往下挖好墓穴和墓道，然后在穴中构筑成殿堂，由于开挖量相当大，填石用料极多，此为地宫营建的核心工程。地基是关键，所以，从墓道不断运输石块、沙土、木炭、膏泥等，一层一层填实。

经考古工作者勘探，在距离现地表 2.7 ~ 4 米的深处，发现了地宫的宫墙，目前探掘清楚的北侧宫墙东西长 392 米，东西侧的宫墙长 460 米，墙体宽、高约为 4 米，其范围稍大于现今封土的范围。

通过物探遥测，考古学家的目光深入到地宫核心。秦始皇的墓室东西长 80 米，南北宽 50 米，空间高度 15 米，墓底距离封土顶 72 米。墓室或墓道的顶部可能为青石结构，这种石材明显不同于陵墓南侧骊

修复后的石铠甲

山上的石质，也不同于封土堆中夹杂的自然石块，却与距秦陵六七十公里外的渭北诸山一带的石灰岩相同。晋人潘岳在《关中记》中的记载得到了验证："骊山无此大石，运取于渭北诸山。"

这里用的是什么石材？青石是首选。一则青石的质地细腻，呈现着"铁青色"的外观，具有铁甲的质感，这种铁甲质感与秦的尚黑也相匹配；二则青石结构致密、肌理规矩，具有便于切割、钻孔和磨光等加工性能。王学理先生认为，甲胄本是战场上冒矢石、御击刺的护体设备。而秦俑身上的石甲片厚仅2～3毫米，绝不是战场上将士的护体服装。寻情度理，秦始皇所追求的是那"铁甲"颜色的效果，而不是真的用来抵御矢石。石甲胄的用量相当可观，据王先生的统计，一顶兜鍪重3168克，竟用74块不同形状的薄石片组成。高级军吏所着的细叶铠甲，上有不同形状的甲片多达900片以上。一般的"卒甲"，甲片数也在600片左右。如此仿真，实际上潜藏着一个巨大而复杂的技术与劳力消耗问题。石料从"采"到"作"，在修筑骊山陵墓工程中，又成了一个庞大的复杂的专项工程。在此暂且不涉及劳动量、用工人数、运载机具等繁杂的计算问题。仅以库藏量而言，估计在这个同秦俑一号坑面积相当的"甲库坑"里，大约储藏着石铠甲8000领、石兜鍪3400多顶。如果折合成精石，体积约在6374.08立方米左右。而这个数量的形成，所需要的毛石可得再翻一倍！

修复后的石胄

让笔者亲身感受先民们存留的气息、感知秦帝国的武器装备。

由石铠甲陪葬坑的发现，很自然让人们联想营造秦陵所需的石材。发掘过的寝殿和飤官遗址，其阶石、壁石、铺地石、门槛石、柱础石和陵园的石水道，都是由大型石材加工的。地宫的用料更是无以计数。考古队在秦陵北侧发现了“石材加工场”遗址。这里留存下来的文物石质，同骊山当地的石质有很大的差异。据传说所运送的石料中有块大石，高一丈八尺，周长十八步，运到距始皇陵园不远处便运不动了，只好弃置，称之为“佷石”。唐代皇甫湜《佷石铭》有“佷石苍苍，骊山之傍”的诗句。此石到元代刘斌修灞桥时被凿用。从中可以想见：在始皇修陵墓时，这一带就有大量的石材堆积。经过两千多年，“佷石”或被搬动挪用或被打碎垫基。王学理对营建秦陵的石料进行了一番调查，发现这种遗存的石头被用来做牛槽羊圈，或铺地、砌墙、垒台阶，也有做妇女用来做捶布石的。

此石属一种石灰石，颜色呈青灰，是质地细密、具有良好加工性能的碱性岩石。其主要成分是 $CaCO_3$，莫氏硬度为 3，是适宜铺砌、

石铠甲出土原状

装饰、刻镂等多种用途的理想建材。人们喜爱使用这种“青石”，这也就成为秦始皇陵墓采用此料的决定因素。据文献和考古资料的分析，陵墓工程中大量用石材的主要有四项：一是地宫，二是地面建筑（包括供排水设施），三是石甲库坑，四是一些零星用石（陶马之缰等）。其中地宫未发掘，石甲库坑和地面建筑也只是部分发掘，因而其用石量只能限于研究推论。但无论如何，始皇陵用石量必定是相当大的。

学者们大多认为，秦始皇陵墓内，绝不是像凤翔秦公一号大墓那样的土圹。肯定地说，是石砌而成的“地下宫殿”，至少说是石与土砖相结合的“地下宫殿”。在墓圹方面用石材，据《汉旧仪》载：“锢水泉绝之，塞以文石，致其丹漆。”《汉书·贾山传》也有“合采金石，冶铜锢其内，漆涂其外”的话。王学理先生认为，为隔阻地下水浸入，不是用“文石”堵塞泉眼，而是贴壁筑起“引流槽”。因此，这里的“塞”应理解成“阻断”、“隔离”之意。至于防浸的技术，两书所言基本相同，即谓“用铜液灌注石缝，再在表层涂上朱红色的漆”。这种新见是有科学道理的。

地宫究竟用了多少石料？王学理有个推算：大概约 12 万立方米。其根据是，已知墓圹基本呈方形，其“明中”（墓圹）上口周长约 1300 米，“玄宫”（椁室）周长 560 米，下深 33.18 米。在斜收的四个墓壁上，按“数以六为纪”的规定筑有六级台阶，作为“宫观、百官”的座次。地宫的空间布置成“上具天文，下具地理”的穹庐形状，居

石柱础

间最高处约 10 米，砌壁之石的厚度为 0.5 米，这个统计并没有把墓圹结构上的部分变化追加上去。

秦始皇陵考古队在封土南部向下约十六七米处发现一层厚厚的石层，最厚处竟有三四米，这是文献资料中从来没有记载过的。这厚石层会不会是地宫的顶盖？考古队决定在封土岭上进行有针对性的探测。

秦陵考古队队长段清波研究员介绍说，物探中发现地宫中的墓室和宫墙都是石质结构，据文献记载，当年营筑秦陵时用了大量的石材，这些石材绝大多数用于砌筑地宫，少量用于地面建筑建设。段队长说：由于考虑到勘探过程中的探孔有可能对墓室的结构及内部文物产生不良影响，当发现石板材后旋即停止。有的专家推测，地宫中地下水以下处需石砌铜锢的面积就在 40 万平方米以上。秦陵西北的郑庄石料加工场，遗址面积达到 75 万平方米。

对秦陵地宫的结构，王学理先生作了一个概括性的描述："从总体上讲，它只能是，也必然是一个巨型的石砌周壁的竖穴墓圹，再附

壁柱石

设一些回环相连的隧道式的别室和墓道耳室。而内部结构则是由石、砖、木料组成多级桁架式建筑拱卫穹隆顶的群体建筑。因此，地宫大致包括了墓室、别室（侧室）、墓道三大部分。”（见《秦始皇陵研究》）内部结构主要是石与砖木为材料，其中又以石砌为主。

那么，石料是从哪儿来的？说法不一。有的说，就近取材，从秦始皇陵附近的骊山取石。看来，此说难以成立。骊山之石，都是一些不宜作建材的花岗岩、片麻岩、片岩、石英岩等。在近地表处岩石中的长石多具有高岭土化及云母化。有的说来源于四川、湖北等地，这与文献记载和考古分析不合，再说大量的石料如采自于四川等地，当时的运输条件是不允许的。《史记 · 秦始皇本纪》说“发北山石椁”，《汉书 · 刘向传》也有“石椁为游馆”的记载。

《史记 · 秦始皇本纪》所载：“发北山石椁，乃写蜀、荆地材皆至。”所谓“北山”，泛指陕北黄土高原南缘与关中盆地过渡地带的一系列以灰岩为主的石质山丘。实际上，一般把六盘山余脉在汧河左岸向东南延伸到永寿作为起点，从淳化至韩城之间大大小小的山岭，才称之为“北山”。真正适合始皇陵用石的，恐怕不会大到整个的“北山”。晋人潘岳在《关中记》所记当时的民谣：“运石甘泉口，渭水为不流。

千人唱，万人相钩。”“甘泉口”即今泾阳县西北的口镇，这里的“北山”指的是嵯峨山和北仲山。两山之间，有冶峪河自北向南流过。这里的地质构造系奥陶纪下统马家沟组石灰岩组成，石为中至厚层状，色呈灰黑和深灰。由于质地较粗，只适合作砌筑的料石。正因为石材体积大，从采石到运输就需要有一支庞大的专业队伍。从而形成了这么一个壮观而悲惨的场景：从甘泉口一带开采石料，在无机具的情况下全靠人力推挽——“相钩”，号子声不绝于口——“千人唱”，一呼一应地艰难挪步——“万人讴”，东南行，由丽邑对岸渡过渭河，再沿神道运至石材加工地。采用“北山石”路途相对近一些，全程65公里，此为一；第二，此石硬度只有3级，比较容易开采，且便于切割加工；第三，色呈灰黑色和深灰色，同始皇帝的“尚黑”的主色调相符。所以说，秦陵大量的石料采自“北山”。

“北山石”作为口头语在秦汉间流传，当时人们必然是熟知其地的。如今的西安碑林，那油光可鉴的石经、碑刻，林林总总，唐代十八座陵园，那两行高大竖直的华表、石兽、石马、翁仲、石狮，以及在关中普遍存在着的大型石碑都来自北山。唐人颜师古说：“北山青石肌理密，堪为碑椁，至今犹然。”既然看到历代的青石作品，是如此的丰富，是如此的博大，古人早把这“堪为碑椁”的青石称作“美石”，并指出其产地在宜州。其所言的宜州，包括了今泾阳、耀县、富平和美原一带。固然这些地方的北山，有石灰石，而且历年开采不断，但适宜作“碑椁”的“美石”，则主要出自洪水至老庙之间的北山。经检测，石质成分含钙51%～53%、镁占2.13%。色质俱佳，人称之为“墨玉”。

秦始皇陵园的石材用量大、种类多。“发北山石椁”五字，即是高度的概括，绝不以一事一地为限。

8

有的说，地宫两道门，一道为石门，一道为铜门；有的说，三为多，三道门，足矣！有的说，秦始皇崇尚六数，应为六道门，唯此才坚固。说法不一，按理——

地宫设有几道门？

秦陵地宫位于封土堆下，为放置秦始皇的棺椁以及其他随葬品。而秦陵地宫的建筑结构，《史记·秦始皇本纪》中仅有“穿三泉，下铜而致椁，宫观百官奇器珍怪徙藏满之”寥寥数字的记载，而对地宫设有几道门，并未明书。

据陕西省考古研究所研究员王学理的研究，秦陵地宫，从总体上讲，正如前文所言，它只能是，也必然是一个巨型的石砌周壁的竖穴墓圹，然后再附设一些回环相连的隧道式的别室和墓道耳室。同人们所见到的古代陵墓一样，秦始皇陵地宫也大致分为墓室、别室（侧室）、墓道三个部分。

墓室是始皇陵地宫中放置棺椁的主体墓穴，或称椁室。据测知，秦始皇陵地宫上口起掘的范围很大，南北长 515 米，东西宽 485 米。在这个地宫上口之内，经施工处理，由四面向内收一段距离后，筑“方城”一周。

《关中记》说汉陵“方上”的面积是一百二十步，而汉陵封土堆基

陵兵威赫赫，铁门势雄雄。此为秦陵地宫通道模拟图（劳夫绘制）。

部的底面积大于上口的这种合理结构，显然是承袭秦陵而来。秦陵由原来周长 2087.6 米缩小到现在的 1390 米，完全是历史的风风雨雨所致。据考古人员测知，墓圹上口有一道高和厚各约 4 米的“方城”，南北长 460 米，东西宽 392 米，其顶部距今地表只有 2.7 ~ 4 米。门道宽达 12 米，已用夯土填实。由探知的墓底强汞区得知，这个范围东西长 160 米，南北宽 120 米，并很可能就是椁室之所在。

为避免陵区雨水灌注墓室而造成塌方，除采取导流措施外，还在方城之内向下挖掘墓圹。而在墓底，再笔直地挖筑椁室。秦始皇陵墓室这个由巨型的竖井式圹穴构成的三维空间，犹如一个倒置内空的“四棱台体”，也即是考古工作者常说的口大底小的“仰斗”状。事实上，自春秋到秦汉间的大型土圹墓，斜壁上都带有多级台阶，如已出土的秦公一号大墓的墓圹就有三级台阶，而杨家湾汉墓则有五级。那么，秦始皇墓中的周壁根据“数以六为纪”（《史记 · 秦始皇本纪》）规定，极可能有六层台阶环绕着。如果从透视的角度来看，整个墓室就是六个由大到小的倒四棱台叠加而深入地下的大土坑。

从俑坑结构想象地宫道门。此为一号兵马俑坑局部复原剖视图（选自仲一著《秦始皇陵考古发现与研究》）。

经考古勘探表明，在距现地表 2.7 ~ 4 米深处，发现了地宫的宫墙，目前探测清楚的北侧宫墙东西长 392 米，东西侧的宫墙长 460 米，墙体宽、高约为 4 米，其范围稍大于现今封土的范围。宫墙用未经过焙烧的砖坯砌成。

有一种说法，宫墙四侧有门，东边发现五条墓道，北边、西边各有一墓道，南侧可能也有一墓道。

东边为何有五条墓道？有解释说，这不仅是地宫的朝东的朝向问题，还在于运送大量的地宫营建材料之通道。

对于此说，秦陵考古队队长段清波认为有误，他作了澄清说，根据探测结果，除了东、西各一条墓道外，其余则是一些陪葬坑。从商周到汉代，帝王的墓道通常都为 4 条，分别贯穿东、南、西、北 4 个方向，这是尊贵身份和地位的象征，意味着权控四方。而普通官员和百姓的墓道只为一条或两条。按常理，秦始皇的墓室也应为 4 条，但目前却仅仅发现了东、西两条墓道。这也是不足怪的。这位生前骄横跋扈、性情不定的始皇帝，死后留下的陵墓必然会扑朔迷离。他为了确保地宫的安全，缩减墓道，也在情理之中。

有的专家认为，有的像似墓道，其实是用来运输、堆放材料的土木

皇威再现势恢弘。此为秦陵地宫侧室模拟图(劳夫绘制)。

结构的地下建筑遗址。因为这是营建时间极长的重大项目，而且又是不能泄露的神秘工程，许多材料不宜露天堆放，所以建了面积不小的临时地下室。

那么，地宫究竟设有几道门呢?

有的说，两道门，一道为石门，一道为铜门。

有的说，六道门，因为秦始皇崇尚六数。

有的说，三道门，三为多，足矣!

2002 年 9 月 17 日，世人通过电视直播目睹了考古学家探测金字塔内部空间的过程。当考古学家从第一道石门洞口将机器人放进去之后，想不到机器人又碰上了一道石门。举世瞩目的金字塔考古工程只好搁浅。金字塔地宫可能不只两道门。那么，秦陵地宫当年建造了几道墓门呢?

此为定陵的"遂道门"

关于秦陵地宫门道数量问题，《史记》中其实早有答案。在《史记 · 秦始皇本纪》里有明白的记载："大事毕，已藏，闭中羡，下外羡门，尽闭工匠藏者，无复出者。" 显然，棺椁及随葬品全部安置放在中门以内。工匠正在中门以内忙活，突然间"闭中羡，下外羡门"，工匠"无复出者"，也成了可怜的陪葬品。

于是，有的学者据此推断说，既有中羡门，又有外羡门，内羡门就不言自明。地宫有三道门，似乎无可辩驳。值得注意的是，司马迁遣词造句甚为严谨，他在"中羡门"前用了一个"闭"字，"外羡门"则用"下"字，说明中羡门是可以开合的活动门，外羡门则是由上向下设置的。中羡门可能是横向镶嵌在两壁的夹槽中，是一道无法开启的大石门。内羡门可能与中羡门相似。三道羡门很可能在一条直线上。

为怕地宫秘密泄露，胡亥心生毒计，下令将所有参加营建陵内地宫的工匠、刑徒封闭在最后一道门里。工匠、刑徒就这样成了始皇帝的殉葬品。

笔者认为，除了少数最后的关键技术人员关死于地宫二道与三道门之间外，其他大批的工匠、刑徒被迫引入与地宫靠近的殉葬坑，绝不会全在地宫里，理由是：地宫的空间有限，若数以千计的人关在地宫里，说不定会成为地宫极大的破坏者。民间传说有一青年工匠逃了出来，原来地宫内通向外面的水道是青年工匠亲手设计而成，被闭于地宫后，他悄悄潜入水道慢慢爬了出来。至于这青年工匠沿着怎样一条水道爬出地宫，出来后又去往何处，则无人知晓了。这种民众创造的神奇传说，虽不足为信，但一定程度上却代表了民意。

9

据测，地宫位于封土堆顶台及其周围以下，主体和墓室均呈矩形状，墓室位于地宫中央，大小相当于一个标准足球场。有的说，不可能，因为当时的建筑技术不可能解决这么大的跨度。那么——

地宫有多大？

高大富丽的宫殿，是秦始皇生前治理国家和享乐的地方。地宫则是他的最后归宿之所。“事死如生”，秦始皇必然要把生前的荣华带到地宫去。所以，嬴政13岁即位之时，便在骊山给自己修陵。

据《吕氏春秋 · 节丧》记载，当时人们往往用一些能显示身份、地位的专用品及大量的生活资料和珍奇玩好之物随葬，其后人也以此为荣，以此为尊，以此为孝，正所谓“欲侈其葬，则心非为乎死者虑也，生者以相矜尚也”。

秦始皇灭六国而一统天下，继承了战国以来的厚葬之风，把它大大地发展和系统化，使得秦王朝的皇陵也表现出气吞山河的霸势。雄伟的构架，高大的墙垣，华丽的寝殿，坚固的坟丘，丰富的陪葬，成为后来帝王陵墓的蓝本。

秦陵之规模，在中国古代帝王陵墓中无疑是空前绝后的。由于建陵工程属皇室秘事，知情者多不得善终，所以文献记述并不详细，但

浩瀚庞大的秦陵及分布于其四周的陪葬坑，再现了秦帝国兴盛时的壮观。

仅从现存文献中凤毛麟角的记录也可一窥其盛其大，更多的还是从侧面推测其宏伟。

秦陵地宫有多大？从秦陵地面上的考察中，可以获得想象。

秦始皇陵像是一座设计规范、建筑宏伟的都城。整个陵园坐西向东，以封土为中心可分为四个层次，即地宫为核心部位，其他依次为内城、外城和外城以外，主次分明。秦始皇陵园占地面积达 56.25 平方公里，在高大的封土外围，用夯土筑起内外两重城墙，呈南北向的长方形。内外城墙周长分别为 3870 米和 6210 米。其城内面积约 2.13 平方公里。如此大的“都城”建制，使有的外国元首观后不断戏称这比他们的国土还要大。 这座“都城”南高北低，南北落差达 87 米，是一座南北大于东西的长方形陵园。陵园的城垣由内外两重

地面的宏大建筑可以想象地宫之奢华。此为秦陵飤官（东段）建筑群复原鸟瞰图（选自《秦始皇陵研究》）。

秦陵陵园内建筑画梁雕栋，青砖灰瓦，鳞次栉比，蔚为壮观，不仅规模宏大、布局严谨，而且不同形制的建筑相互勾连、高低起伏、错落有致，形成了一处独具特色的陵寝建筑群。其宏伟的风格、恢宏的气势和肃穆的意境，足见设计师们的匠心独具。地面如此壮观，地宫里也必定是相当宏伟。

秦陵地宫有多大？还可从三个秦俑坑的气派，获得想见。

三个秦俑坑的面积达两万多平方米。其中一号坑东西长 230 米、南北宽 62 米，是一个总面积为 14260 平方米的长方形俑坑。坑内置陶兵马俑 6000 余尊，战车 50 余乘，车马 200 余匹。二号坑平面呈矩尺形，面积 6000 平方米，陶俑 1300 余尊。三号坑平面呈凹字形，面积 520 平方米，坑的东、北及南部甬道中面对面站着 68 尊武士俑。

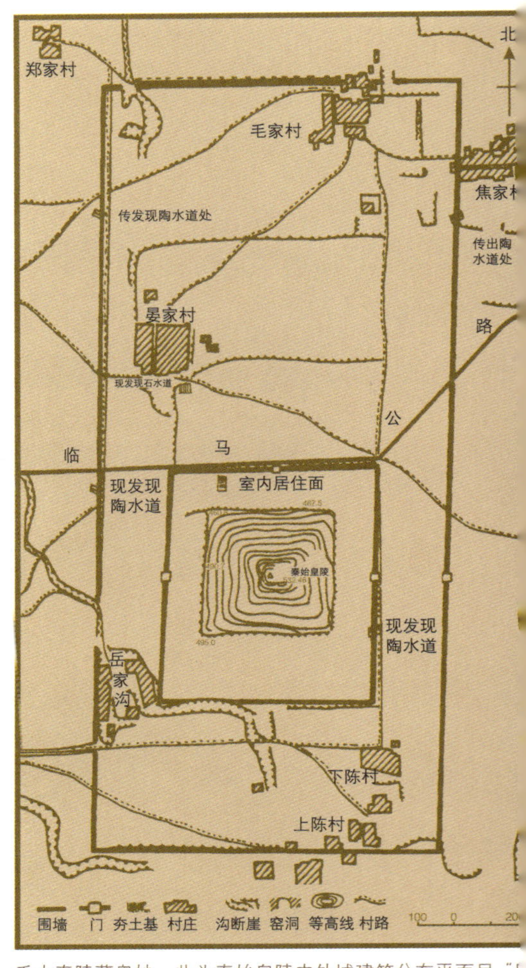

千古秦陵藏奥妙。此为秦始皇陵内外城建筑分布平面呈“回”字形示意图。

一号坑只发掘三分之一，估计三个俑坑可出土陶俑7000余尊，陶马560多件，木质战车百余乘。除此之外，还有铜车马坑、马厩坑、石质铠甲坑、百戏陶俑坑、文官陶俑坑、青铜水禽坑等，从中不难想象地宫面积之广袤。

秦陵营建了三十七八年，到了秦始皇三十七年（公元前210年），即他50岁的时候，营建秦陵的主持者李斯向他报告：我带了72万人营建骊山，已经挖得很深了，连火也点不着了，凿时只听到空空的声音，好像到了地底一样，再也挖不下去了。秦始皇听后，下令他再“旁行三百丈乃止”。由此可见，秦始皇对营建骊山陵墓，要求越大越好。

主持者为相国，秦始皇还专门为此设置了一级行政机构——“丽邑”。传说在骊山脚下，还有一个专门用于指挥上下工的击鼓坪。可见工程之大。

秦陵地宫有多大？再可从文献记载作进一步推测。

明代学者都穆，写了一本名叫《骊山记》的书，忠实地记录了陵园内外城门址的具体尺寸。都穆当时丈量的结果是内城周长5里，外城周长12里。内城北边有两个门，其余南、东、西及外城四边都只发现一个门。城墙基宽8米，高度已不可知了。城墙的四个角上建有角楼。明人都穆还说，他曾看到秦始皇陵内外城城门的遗址。他由南面登秦陵时，看到有两个小土丘，听人说这是内城的南门。秦陵内外城城墙的遗迹，现在还可以从断崖上看到平整的夯土层。

从历史文献记载和出土文物遗迹中，不仅可以想象当年地面建筑的富丽堂皇、高大雄伟，而且可由此及彼，进而想象地宫的豪华和气派。复旦大学历史系樊树志教授认为，秦俑的发现震惊世界，令中外人士神往，人们像对于斯芬克司一样探求它的谜底。樊教授在《国史概要》这样写道："秦俑的气魄宏大，仅三个坑面积就达 2 万多平方米，好大喜功的秦始皇不会放过任何一个能显示皇帝尊严的机会，必然在地宫的营造上追求至高至大。……秦俑的写实风格必然体现在地宫里，一切都模拟生前，地宫象征着生前的咸阳宫，一定有不少秦始皇生前喜爱的珍宝。"

樊树志教授说："好大喜功的秦始皇不会放过任何一个能显示皇帝尊严的机会，必然在地宫的营造上追求至高至大。"

在有关秦陵地宫大小、结构的文献记录中，唯一可验证、且已经验证的，就是关于水银的记载。1981 和 1982 年，中国地质科学院物探研究所的专家曾与秦陵考古专家合作，利用现代仪器对地宫进行过两次测试，发现秦陵封土下土壤中的汞含量的平均值为 35ppb，而封土中心位置土壤中的汞含量为 70 ~ 140ppb，最高的地方达到 280ppb，为秦陵其他地方土壤中汞含量平均值的 8 倍。专家们认定，秦陵封土如此强烈的汞异常反应，是地宫大量存在的水银挥发造成的，其分布呈有规律的几何形，从而证实了史书中"以水银为百川江河大海"的记载。李白诗句有言："但见三泉下，金棺葬寒灰。"古人称铜为金，秦始皇的铜棺就埋在封土堆下的地宫里。

秦陵封土汞含量的异常反应，充分验证了地宫中以水银象征江河的记载，也说明司马迁的治学思想是严谨的。“无征不从”应是史家的史德。蔡尚思先生说，研究历史就是要寻据求真，实事求是，他说：“我是北京大学研究所的研究生，听过陈寅恪先生的讲学，一直牢记他强调的一句治学名言‘无征不从’。”到了20世纪60年代初，蔡尚思先生给学生上课时，又阐述陈先生的观点。还讲了司马迁的史学观，司马迁在《史记》中的记载基本属实；当20世纪80年代证实秦陵封土堆有汞的异常反应后，蔡先生又常讲：“司马迁的记载，是基本符合历史事实的，应该作为根据，应该相信《史记》的记录，若不相信，那相信什么？！”

蔡尚思先生说：“司马迁的记载，是基本符合历史事实的，应该作为根据，应该相信《史记》的记录，若不相信，那相信什么？！”

司马迁是位严谨的历史学家。他在《史记》中所记载的历史事实，被大量出土文物所证实。司马迁的祖辈有很多人在秦做过官，他的远祖司马错是蜀地的开发者，秦的创建者。司马错的孙子司马靳是一员盖世名将，长平大战的主将。司马靳的孙子是秦的冶铁官。他的父亲司马谈又是西汉王朝中掌管国家历史档案的太史令。秦始皇陵地宫的结构在当时虽属绝密，但秦王朝宫廷中必有档案记录，因此西汉王朝应掌握地宫构造的情况，而司马谈是有资格接触这些机密档案的。司马迁也曾当过太史令。可能比较详尽地了解此类机密。所以，《史记》

中对秦始皇陵地宫的记载，其可信度应该说是很高的。

但是，《史记》没有有关地宫面积的记录，怎么办？还得靠现代和传统的考古勘探办法。秦陵物探使用的“八类22种”方法中，除电法、重力法、磁法、化学方法之外，尚有弹性波、放射性探测、测温等，各有效果，更重要的是互相印证。

如磁法，由于地宫的顶板石为石灰石，磁性与封土土壤差别不大，因此在探测地宫存在与否上作用不大。但在探明细夯土墙、确定地宫范围上，磁法却起了关键作用。

弹性波测量法，听起来玄妙，其实简单，就是用一种机械夯源击打地面（类似一把重锤的作用），产生动力波传入地下，经过均匀体就会有均匀的反射，如果遇到不均匀体，就会产生绕射。分析绕射图像，可以了解物体的性质和位置。寻找石油测地幔的时候就是这么干的。但是，秦陵不能采用此法。刘士毅先生介绍说，机械夯源是在地表，有声波干扰，效果不好。当时，弹力波资料出来以后，请了四位教授进行处理分析，结果说法各异，有的说根本没有地宫信息，有的认为探到了地宫，有的见解则介于两者之间。所以，刘先生说，弹性波探测在地宫发现上作用不大。不过，也不是全部无用，多少还是有作用的。弹力波绕射的信息和磁法、重力法一起，验证了夯土墙的存在。

放射性探测法，这是一种有效的探测办法，其主要手段是收集分析惰性气体——氡气。氡气从地下缓慢上升，如果夯土严实，氡气上来就显得少；如果裂隙发育，上来就显得多。刘先生举例说，在秦陵封土堆北面的陪葬群坑地表，氡气值非常高，这是什么道理？就是因为这个陪葬坑经过焚烧坍塌，封土裂隙发育。

刘士毅先生是该项目的负责人，又是中国地质调查局研究员，最后由他宣布地宫探测结果。刘先生介绍说，初步评估，地宫位于封土堆顶台及其周围以下，开挖范围主体约东西长170米，南北宽145米。开挖范围主体和墓室均呈矩形状。墓室位于地宫中央，顶深海拔高程470米至480米，高15米左右。东西长约80米，南北宽约50米。宫墙顶深海拔高程约471米，高约16米，宽约8米，东西长约145米，南北宽约125米。宫墙之上的细夯土墙与宫墙位置、范围基本一致，高约30余米。测量探测到的封土堆汞异常分布特点耐人寻味：北、东最强，南、西次之，北、西最弱。

秦陵考古队队长段清波研究员介绍说，用遥感和物探的方法分别进行了探测，证实地宫就在封土堆下。地宫位于封土堆顶台及其周围以下，距离地平面35米深，东西长170米，南北宽145米，主体和墓室均呈矩形状。墓室位于地宫中央，高15米，大小相当于一个标准足球场。于是，各地媒体纷纷以“地宫大小相当于一个足球场”为题作了报道。

至于秦始皇陵地宫的真实情况，则必须根据《史记》的记载和考古资料进行分析和推断。拥有丰富的考古发掘经验的段清波研究员指出，限于当时的条件，人们曾将距现地表之下，未经焙烧的以砖坯砌成的特大型组合式陪葬坑的围墙误认为是地宫宫墙，于是得出秦陵地宫较原来封土堆的范围小约三分之一、比现封土堆略大三分之一的认识，是一种不可思议的尺寸。段先生说，秦陵墓北部特大型组合式陪葬坑发现并被认知后，地宫的范围要比原来估计的小得多，应为东西160米，南北140米，呈东西横长的长方形。这一判断和物探的成果相似。

勘探还有一个重要成果，那就是发现秦陵地宫为竖穴式。秦始皇是“千古一帝”的至尊者，不会放弃当时最高规格的天子葬制，所以，考古学家、史学家又推测，墓内可能有“黄肠题凑”的大型木椁。

10

有的说"穿三泉"是指掘到了第三层地下水。有的说，不对，此"三泉"的"三"，是形容词，而不是量词，所谓"穿三泉"是形容地宫开凿之深，已经穿透了多层地下水。当年营造的秦陵——

地宫有多深？

地宫究竟有多深？这是近年来人们谈论得较多的话题。

司马迁在《史记·秦始皇本纪》作过描述说："穿三泉，下铜而致椁。"班固在《汉书·刘向传》中则引申为"下锢三泉"。若干年来，"穿三泉"、"下锢三泉"屡屡被专家学者提起，但始终各说各的。

《史记》正义引颜师古云："三重之泉，言至水也。"王利器先生主编的《史记注译》认为，"穿三泉"即穿凿三重泉水。孙嘉春先生在《秦始皇陵之谜地学考辨》一文中指出，"穿三泉"是指秦陵地宫工程穿透了三层地下水。王学理先生根据秦始皇陵附近的水文资料作了分析，他在《秦始皇陵研究》书中认为"三泉"是实际存在的，是指地下由浅到深的三重透水层。张占民先生在《秦始皇陵地宫探秘》中则说，"三泉"是指第三层地下水，"穿三泉"即是说掘到了第三层地下水。朱思红、王志友认为，所谓"穿三泉"是虚指，形容地宫开凿之深，已经穿透了多层地下水。"三"，在中国古典文字中为"多"之义，未必真的穿透了三层地下水。但有一点可以肯定，那就是秦陵地宫在施工过程中

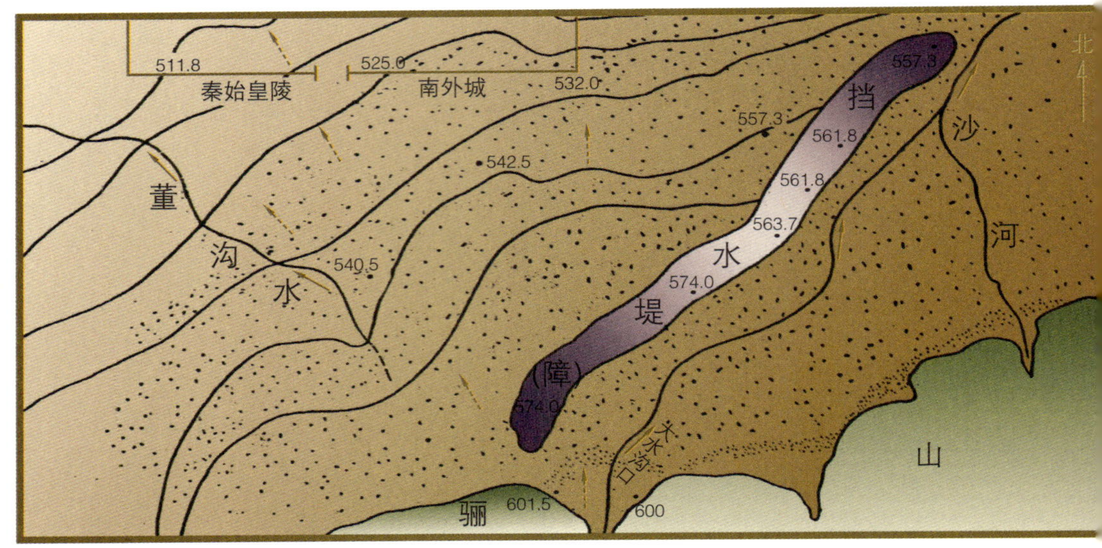

秦始皇陵园与地表径流关系图

确实遇到了丰富的地下水，这在高寒缺水的西北地带也可能是一种特殊现象。

笔者采访过赵康民先生。赵先生是很有名望的考古学家，被称为西安考古界的“东霸天”，曾任临潼博物馆馆长。谈及秦始皇陵地宫的深浅问题，赵先生回答得很干脆：秦始皇陵地宫离地面不浅也不深。他认为“三泉”的“三”不是一个量词，而是表示一定深浅度的形容词，“九泉之下”的“九”也是一个形容词，从形容词所表述的深浅度来说，“三泉”比“九泉”更浅一些。所以说，在这里的“三”不是一个确切的量词，而是一个形容词，并非说穿过的第三层泉水。

不少学者还从文字学的角度来说明“穿三泉”并非指第三泉。他们认为，中国具有吉祥含义的汉字多多，如福、禄、寿、乐、荣、华、鼎、盛等等。中国人还特别讲究吉祥数字，如三、六、九、八等。老子说，道生一、一生二、二生三，三生万物。中国古代基于这种概念，即所有复杂东西都是由简单中产生的。人们认为“三”为多，“九”为无限。远古时代是“数多不过三”的时代，“三”表示多数，一些古文字中就有以“三”为多的遗迹，比如，三人为“众”，三马为“骉”(biāo)，三鸟为“雥 (zá)”，三牛为“犇”(bēn)，三鱼为“鱻”(xiān) 等都是

笔者采访赵康民先生（摄于 1993 年），他说："秦始皇陵地宫离地面不浅也不深，所谓'三泉'的'三'字不是一个量词，而是表示一定深浅度的形容词，并非说穿过的第三层泉水。"

表示多、集合成群的意思。古代成语中也有“一日三秋”、“三省吾身”、“韦编三绝”、“三番五次”、“一而再，再而三”等，都表示的是多数。三个“木”意即木多成森林。

“三”数符合中国人的思维习惯，三为重、为多，三条腿立得比较稳固。远古“结绳记事”：“一为单，二为双，三为多”；宇宙中天、地、人，天有日月星“三光”，地有天地水“三元”，人有精气神“三宝”。就说“唐三彩”，这里的三，并非三种颜色，自古以来人们是以“三”为多，唐三彩以三种基本颜色为主，但它不一定都是三种颜色，有的还是五种。

那么，“穿三泉”到底有多深呢？高维华、王丽玖在《秦始皇陵工程地质述评》一文中指出，秦始皇陵附近的水文数据显示，这里的第一层地下水距地表 19 ~ 27 米。孙嘉春先生在《秦始皇陵之谜地学考辨》一文中认为秦陵地区的地下“水位 20 ~ 60 米”。这些水文数据，虽比纯文字理解有所突破，但给人的认识仍然是模糊的。袁仲一先生在《秦始皇陵兵马俑研究》一书中，根据文献和考古材料推测“三泉”之深在 23 ~ 30 米之间。学者们推测的结论几乎接近。

“如果真的穿过‘第三层泉水’，在三层泉水涌出的时候施工，那是很困难的。当时一没有水泥堵泉，二没有抽水机排水。”赵先生从事考古工作四十余年，有着丰富的考古经验，他讲了四十年前遇到的“泉涌”事件。有一次在考古现场挖掘，挖至十米深处时，泉水不断冒出，开始时星星点点的，后来全面开花，水泥堵也堵不住，当时等于在水潭里挖泥，尽管也使用了抽水机，但工程进展很慢。赵先生很有感触地说，如今有现代化工具都难以在水中操作，更何况是两千多年前。

赵先生的意见是有道理的。地宫的埋藏深度是受土冢地段地下水的水位制约的，也就是说，土葬的墓穴是禁忌地下水的。因而，所有墓坑均在地下水位以上，所以，墓地要选择高坡上，秦始皇陵地宫亦不例外。

如果地宫位于水位之下，地下水的长期的渗透作用，定会使潜水浸入地宫之内，这样一来，地宫在地下水长期浸没、淹泡及其所产生的一系列的物理化学作用下，宫内的建筑物、文物宝藏，就会受到浸蚀破坏，秦始皇及其皇陵的设计者是不能不考虑到这一点的。所以，秦始皇陵陵址选择于地势开阔的骊山前高坡之地。《吕氏春秋 · 节丧》说："浅则狐狸扬之，深则及于水泉。"其意是说，要选择一块可以避免水害的高坡之地，同时，在墓穴上起封土以加深墓穴的深度，达到防止狐狸掘进的目的。

《礼记 · 檀弓上》有言："葬者，藏也。欲人之弗得见也。""深藏为安"是当时人的一种追求，希望葬于黄泉的九泉之下。墓葬时不得不考虑的有两条：一是要"藏"，这样安全些；二要防止地下水的浸染。有了这两条，就比较妥帖了，始皇墓大概是充分考虑到了这两条的。《吕氏春秋》曾对葬深及泉、侈靡事死的社会风气援引了趋利亡国的事实，警告人们说："自古及今，未有不亡之国也；无不亡之国者，是无不掘之墓也。"(《安死篇》）此书成于秦始皇即王位的第八年，也就是说秦陵的营建已经进行七八年了。如果秦陵地宫藏得不深不固，吕不韦难道不感责任重大吗?

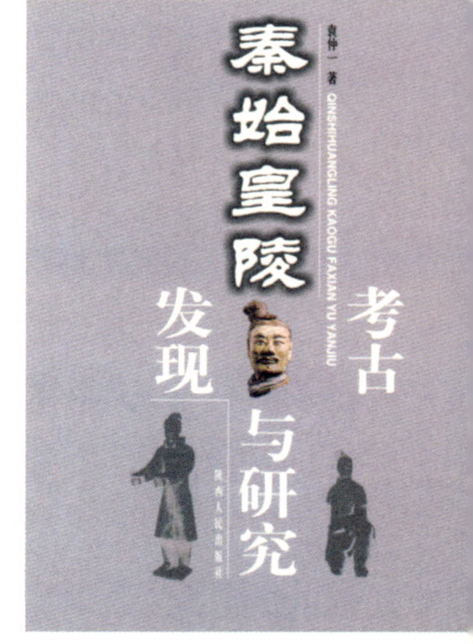

袁仲一著《秦始皇陵考古发现与研究》书影

者采访时为秦俑博物馆副馆长的张仲立先生，他说："秦始陵附近的水文资料表明第一层地下水距地表为 16 米，目前陵地宫探测已经探到 26 米深，由此可知，"穿三泉"就是掘到了第三层地下水。"

是不是所有人都认可赵先生的观点呢？不是的。也有人与之见解相左。原秦俑博物馆副馆长张仲立研究员对于地宫深浅问题也作过一番考察。他认为"三泉"就是指第三层地下水。"穿三泉"就是指掘到了第三层地下水。秦始皇陵附近的水文资料表明第一层地下水距地表为 16 米。据长期从事秦始皇陵地区考古调查的程学华先生透露：目前秦始皇陵地宫探测已钻探到 26 米深，但仍是人工夯筑的夯土层。这说明秦始皇陵地宫最浅也在 26 米以下。

"能够在地下水位之下操作吗？"张仲立先生回答："完全能够！"他的观点是有实证的。在湖北大冶铜绿山发现的战国时期的古铜矿竖井深度已达 50 米，而且解决了通风、排水等问题，它说明早在战国时期，中国古代劳动人民已经掌握了能够掘入地下 50 米的技术。而《汉旧仪》中所说秦皇陵地宫"已深已极"，正反映出修凿秦陵地宫是将当时最高技术水平完全发挥出来了。据《史记 · 货殖列传》记载，秦代"巴蜀寡妇清，其先得丹穴，而擅其利数世，家亦不訾"。秦始皇对其给予很高的礼遇，为其筑女怀清台。因此有的学者作了这样的猜测，这位古代女企业家完全有可能向秦始皇提供了向纵深处开凿的技术。

在推测秦始皇墓穴深度之时，人们往往会怀疑通风问题是秦代施工技术上难于解决的问题。这种怀疑，是把墓室误作纵深的洞穴而产生的疑虑。如果确认其是大口朝天的竖穴，也就不会产生难以通风的疑虑了。至于深地取土，则属于高程运输，在理论和实际上都是不算什么复杂的。

碰上地下水，怎么办？考古专家通过探掘而发现的地宫周围的地下

《庄子》讲了桔槔的故事，反映中国古代已经能用简单的杠杆原理来汲水浇灌。

阻排水系统，重新诠释了“穿三泉”以及“下锢三泉”的寓意。地下阻排水系统位于秦陵封土的东、西、南侧，其阻水设施在现今地表以下 10 ~ 30 米深度的范围内，均回填有一层质地细密的青膏泥夯层，这层青膏泥层防渗水性强，可以充分起到隔水的作用。地宫周围阻排水系统，其作用是在地宫修筑过程中阻挡、疏导地下水，使其不能进入地宫范围内，从而保持地宫的干燥。张仲立先生说：“当时采用的方法是石塞铜锢。”地宫使用大量的石和铜，这是毋庸置疑的。其时为修造陵基从北山采运石料动用了千千万万的刑徒，仅仅是加工石料的工场遗址就达 75 万平方米。如今墓陵地表见到的石料较少，除了流失原因之外，首先是因为采运来的石料主要用在地宫里。《汉书 · 贾山传》有“合采金石，冶铜锢其内，漆涂其外”的记载，石头错接的缝隙，使用铜锡熔液，一一浇灌。唐代武则天墓的墓道的处理就是石砌封墙，铁汁灌缝。看来，这还是从秦始皇陵传承下来的技术。《汉旧仪》也认为“锢水泉绝之，塞以文石，致以丹漆”。这说明除用铜堵之外，还塞以文石，且又涂丹漆。“文石”，其化学成分为碳酸钙，丹和漆都是涂料。由此可知秦始皇陵施工过程中，对于可能渗入地宫的地下水，是先用冶铜锢其渗出处，再塞以文石，其次涂漆，最后涂丹。如此道道防线，起了很好的堵泉作用。

秦始皇地宫究竟是建在地下水之上，还是地下水之下？诸多考古学者的研究也只是推测，大体来说，有 23 ~ 30 米、33.18 米、26 米、40 ~ 50 米等不同结论，但是这些推测，无疑将有利于揭开地宫之谜。

11

"黄肠题凑"的葬制，相当浩繁。但在秦始皇前后都行"黄肠题凑"的天子的最高葬制。自命功劳大过"三皇五帝"的秦始皇，自然不可能放弃"黄肠题凑"的木椁而改用其他棺椁。进一步探测，即可明白——

是否使用"黄肠题凑"？

宽先生说："在秦始皇时代前后都奉行'黄题凑'的最高葬制，自命功劳大过三皇帝的秦始皇不可能放弃'黄肠题凑'的子之葬制。"

秦始皇使用什么样的棺椁？《史记》、《汉书》均无明确记载。

司马迁只留下一句"下铜而致椁"的含糊记录。于是有学者据此得出秦始皇使用的是铜棺。但从文献记载而言，秦始皇未必使用的是铜棺。《史记》、《汉书》明文记载："冶铜锢其内，漆涂其外。""披以珠玉，饰以翡翠"，"棺椁之丽，宫馆之盛，不可胜原"。这里"漆涂其外"、"饰以翡翠"的棺椁恐怕只能是木质的了。如果是铜棺或石棺肯定用不着漆涂其外，而只有木棺才可能使用涂漆。

从先秦及西汉的棺椁制度考察，使用"黄肠题凑"的大型木椁是当时天子的特权。1982 年 4 月，杨宽先生在西安等地考察帝王陵墓时，笔者在秦俑馆当面向杨先生请教"黄肠题凑"问题，他说："在秦始皇前后都行'黄肠题凑'的天子的最高葬制，看来，自命功劳大过三皇

兵俑巍巍，秦陵赫赫。此为秦陵地宫“黄肠题凑”葬制模拟图（周全人绘制）。

五帝的秦始皇不可能放弃‘黄肠题凑’的木椁而改用其他棺椁。”

刘向说秦始皇“棺椁之丽、宫馆之盛，不可胜原”。所谓“棺椁之丽”，一则指结构繁杂，二则指装饰豪华。《吕氏春秋·节丧》载：“题凑之室，棺椁数袭，积石积炭，以环其外。”《礼记·檀弓上》：“天子之棺四重：水、兕革棺被之，其厚三寸；杝棺一，梓棺二。四者皆周。”这里讲得很明白，天子用的是五层套棺制。对于“黄肠题凑”，在《礼记》上也说天子“柏椁以端长六尺”，郑注：“以端，题凑也，其方盖一尺。”如此帝王之制，始皇帝绝不会弃而不用的。王学理先生也说：“陕西凤翔秦公一号大墓不但为我们提供了最早的黄肠题凑实例，也说明春秋秦仍用周制。那么，秦始皇继承其祖先厚葬传统，又以统一之君的最高地位必然享用的是天子的棺椁制，理所当然地使用‘黄肠题凑’之室。”

“死即永生”，这个亘古的话题，到了秦汉时期已演绎至顶峰，秦人认为人死了只不过是换个地方生活，人的灵魂还要在另外的世界继续生活下去，所以，秦代厚葬之风很盛行。到了汉代更烈，“棺椁必重，葬埋必厚，衣衾必多，文绣必繁，丘垄必巨”！人们“皆虚地上以实地下”，上行下效，汉代出土文物折射出汉代丧葬礼仪。汉承秦制。从汉代帝王葬制也多少可以看到秦始皇陵地宫的概况。

“黄肠题凑”，确实是一个陌生而神秘的词汇。“黄肠题凑”椁具是中国古代等级制最高的特殊葬具形式。

“黄肠”是指建筑题凑所用的材料，此材料一般多用黄心的柏木，即去皮后的柏木，俗称“柏木黄心”，所以古人将此称之为“黄肠”。而“题凑”，则是木椁结构，也就是一种堆积的方式，即将木头的一端向内聚合而拼凑而成的结构。

其特点是将整段的木头层层平铺垒叠，并且“木头皆向内”，即四壁所垒筑的枋木与椁室壁板呈垂直方向，如果从内侧看，四壁都只见枋木的端头，这枋木的端头均是树干的下端，古代称之“题头”，于是这种特定的结构形式就叫“题凑”，合起来就叫“黄肠题凑”。

在棺椁外增设“黄肠题凑”的葬制，始于春秋中期，据《史记》记载：春秋时楚怀王的女儿滕玉墓就已用“题凑”这种葬制结构，但无实物。“黄肠题凑”的实物，在南朝刘宋时有人看到过，谢惠连《祭古冢文》中记载：宋元嘉七年（430年），在挖建康东府城的北濠时，发现过一座“以木为椁，中有两棺，正方，两头无和”的墓葬，其祭文中有“黄肠既毁，便房已颓”的话。河北平山中山王陵出土的《兆域图》铭文中有“提（题）徙（凑）”，《吕氏春秋·节丧》中也提到“题凑之室”等。从近几十年出土的实物来看，“题凑”葬制主要流行于西汉，至东汉时，黄肠木为黄肠石代替。再后，“黄肠题凑”之制就成绝迹。所以说，这种葬制不仅等级高，使用范围小，而且流行时间很短，前后仅三百余年。

在扬州有座汉陵苑。这里保藏了目前世界上保存最完整、结构最复杂、用料最考究、制作最精良、形式最典型的“黄肠题凑”式木椁墓。

笔者曾三次参观汉陵苑，从中多少明白了汉代帝王的风采，同时对秦始皇地宫的葬制有了进一步的猜想。

在汉代礼制中“黄肠题凑”与玉衣、梓宫（棺）、便房、外藏椁等，同属于帝王陵墓中的重要组成部分。史书上原有“天子柏椁、诸侯松椁、天子题凑、诸侯不题凑”的说法。只有皇帝死后才有权享用这种最高规格的天子葬制。得到皇帝恩赐的宠臣、诸侯王偶尔也可以享用，如汉代大将军霍光死后就享用了这种葬制。刘胥因是汉武帝刘彻的儿子，所以他也能够享受天子之制。

汉承秦制。汉墓如此奉行的“黄肠题凑”，为秦代“黄肠题凑”葬制的延续。据此推测，秦陵地宫里整个“黄肠题凑”是一个呈方形、没有“屋顶”、木头结构的“大房子”。“房子”被纵横交错地分割成无数个大大小小的“房间”。“房子”的中心是内椁，这里是供秦始皇生活起居的地方，分为“便房和棺室”。棺室内放有彩色套棺。秦始皇穿着金缕玉衣，而且以水银浸泡着。“房子”中，环绕内椁最外面的一层叫外藏椁，是婢妾等生活、居住的地方，这里陈列着大量的随葬品。

秦陵地宫存在“黄肠题凑”结构的根据是什么？

首先，“黄肠题凑”的葬制不是一般百姓可以享用的，它是身份、地位、权力和财富之最高象征。只有帝王和诸侯才能“享受”。据介绍，目前这类“黄肠题凑”特有的墓葬仅在北京、河北石家庄、江苏扬州、湖南长沙、安徽六安等地有发现，均为汉代诸侯王或王后的陵墓，说明墓主等级很高，属于当时诸侯王一级的人物。西汉第一代广陵王“黄肠题凑”木椁墓使用楠木就达 540 立方米，而王后“黄肠题凑”木椁墓使用楠木就达 450 立方米，在北京老山汉墓发掘中计有 15000 多根柏木之黄肠，垒成威严耸立的高墙，这是以一座森林为代价而制作的精美地宫。如此壮观而又过于奢华的“黄肠题凑”，确为天子地位、权力和财富之象征。正如杨宽先生所说，在秦始皇前后都奉行“黄肠题凑”的最高葬制，自命功劳大过三皇五帝的秦始皇不可能放弃“黄肠题凑”的木椁而改用其他棺椁。

其次，“黄肠题凑”的葬制也是吕不韦编纂的《吕氏春秋》所提倡的。“题凑”之名的出现，最早见于《吕氏春秋 · 孟冬纪》：“题凑之室，棺椁数袭，积石积炭，以环其外。”西汉《盐铁论 · 散不足》记载：“今富者绣墙题凑，中者梓棺便椁。”这些较早的文献中只提到“题凑”之名；“黄肠题凑”合起来提出最早见于《汉书 · 霍光传》中：“光薨，上及皇太后亲临光丧，赐金钱、缯絮、绣被百领、衣五十箧、璧、珠玑、玉衣、梓宫、便房、黄肠题凑各一具，枞木外藏椁十五具。”这是一段关于“黄肠题凑”葬制的最为详尽的记载。

再次，秦始皇陵是在战国君王陵寝制度的基础上创设的。对此，杨宽先生在《中国古代陵寝制度史研究》一书中反复强调说：“秦始皇陵园的出现不是偶然的，它是中央集权的封建王朝创立以后的产物。但是它还是有来历的，它是在战国时代各国君王的陵寝制度的基础上创设的。”在殷周时代，君王的墓葬是没有坟丘和陵园的，即《易 · 系辞传》所说“古之葬者，……不封不树”。到了战国时代就不一样了，那时的高大的坟墓可以同山陵相比，正如《吕氏春秋 · 安死》所说：“世之为丘垄也，其高大若山，其树之若林。”《后汉书 · 礼仪志》刘昭注引作“若山陵”、“若林薮”。秦国是从秦惠文王开始称“王”的，同时他的坟墓也开始称“陵”。《史记 · 秦始皇本纪》末段依据《秦纪》，记载秦惠文王“葬公陵”，悼武王“葬永陵”。此后秦国君王坟墓就沿用“陵”的名称，例如秦孝文王“葬寿陵”。秦始皇即位以后，立即营建陵园，就是沿袭这种建筑“寿陵”制度。杨宽先生在《中国古代陵寝制度史研究》一书出版前曾对笔者讲述过：“秦始皇陵是在战国君王陵寝制度的基础上创设的，这里用‘创设’两字，既讲了承袭，又讲了始皇的创新。始皇帝是一个勇于创新的人，祖先有的朕得有，祖先没有的朕得创设。秦始皇在建筑坟墓时，把自己的坟墓改‘陵’为‘山’，定名为‘丽山’，把自己的陵园称为‘丽山园’。这从出土的铜钟铭文作‘丽山园’和出土陶壶盖的陶文作‘丽山飤官’，可以得到明证。”

秦始皇为什么要创新呢？杨宽先生在《中国古代陵寝制度史研究》一书中作了这样回答：“他之所以不称陵而称山，可能用来表示皇帝陵墓的等级要高出于战国时代各国君王之上。《水经注 · 渭水》说‘秦名天子冢曰山，汉曰陵’，是有根据的。他之所以把自己陵墓定名为‘丽山’，就是借用附近丽山原有的‘美名’。”

第四，“黄肠题凑”是费工费财又费时的天子之葬制，唯帝王才有实力营造。笔者在与杨宽先生讨论秦陵地宫结构时，杨先生说：“骊山墓营造时间那么长，投入人工那么大，贡赋支出那么多！估计地宫的营造相当复杂，秦始皇是千古一帝，样样都得高于人超于人。‘黄肠题凑’的天子之葬制，他会袭用，还会在原有基础上加以创新，至于如何创新，还得打开地宫才明白。不过，从汉代的帝王葬制和陵寝规模可以推想。”

杨宽先生还引了两处典籍的话，一是《汉旧仪》说：“天子即位明年，将作大匠营陵也。”一是《晋书 · 索林传》说：“汉法天子即位一年而为陵，天下贡赋三分之：一供宗庙、一供宾客、一充山陵。”杨先生说：“这两段话就是讲，皇帝执政的第二年就可以用赋税的三分之一建筑陵墓。秦始皇陵所耗用的赋税至少不低于三分之一，而且营建了三十七八年，由此可想而知秦陵工程的规模。”

“黄肠题凑”作为天子葬制，秦始皇既不会弃置不用，营造起来必定是超大型的第一大工程，第二大工程是防水防漏工程，第三大工程是

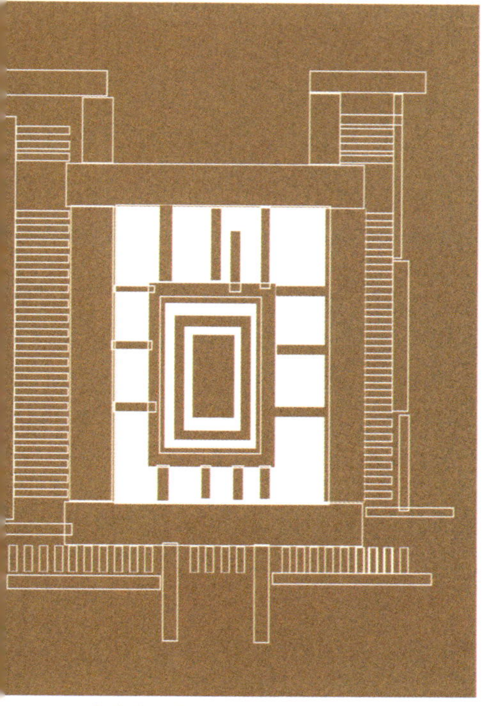
秦陵地宫"黄肠题凑"模拟透视图（真田绘）

"上天地理"工程，第四大工程是防盗工程，第五大工程是陪葬物的选择与制作工程，还包括其他的配套工程。杨先生本来准备在《中国古代陵寝制度史研究》出版时增加帝王的地宫包括"黄肠题凑"的葬制方面的内容，后因故搁了下来。笔者知道杨先生对秦陵地宫有不少见解，其中认定地宫棺椁外所设的"黄肠题凑"结构是超大型的。

"黄肠题凑"的营造，相当浩繁。据已有资料推测，似应在挖成的坑底上先筑基础，用碎石、泥土、木炭、白膏泥等，层层夯实。广陵王墓就有 5 层之多，总厚度约 2 米。作为至尊的帝王之墓的秦陵，至少加倍，在 10 层以上，厚度在 6 米以上，体现"积石积炭"的做法；在其上先铺垫木一层至两层作为墓椁的底板，其上竖立柱，再在柱间以"题凑"块层层嵌砌，题凑上方加压边枋，枋与最上一层题凑木上下和朝里的一面都用燕尾榫、银锭形榫互相扣牢，在题凑的内外再涂以颜料，俨然方城模样。在题凑顶部，铺上椁盖木。广陵王椁盖木的规格为 11.6×0.4×0.4 米方木两层，始皇帝椁盖木至少不低于此。

据目前已发表的资料，已在北京大葆台刘建墓、石家庄张耳墓、扬州刘胥墓等 7 座汉代王陵出土了"黄肠题凑"。根据考古学家对高级墓葬的分析，秦始皇应该使用一棺一椁。秦人有尚黑的习俗，外椁以黑为底色加上彩绘，内棺以红为底色加上彩绘，图案以龙凤纹、云纹和几何纹为主。在棺椁四周用镏金铜制的构架加固，既坚实又有装饰效果。

金缕玉衣是汉朝盛行的帝王葬制中具有严格等级标志的重要内容，

其实，在战国时期已经出现了玉衣的雏形。《汉书》记载秦始皇“被以珠玉，饰以翡翠”。因此，秦始皇也必然是身穿金缕玉衣，形式与汉朝皇帝相同。

“题凑”外的东西两面、南北两端各筑侧廊以作“外藏椁”，从空间划分若干间，广陵墓有 16 间，比霍光墓的枞木外藏椁还多一间。秦陵地宫的间数，估计当数倍于广陵墓。秦始皇的随葬品丰富，由六国掠夺的奇珍异宝堆满墓室。在墓室两侧设有专门放置随葬品的地方，这里也是主人宴乐活动之处。史载，汉武帝在筑陵期间不断命人将金银财宝搬来藏入地宫，以备死后使用。当武帝人死下葬时，这座陵墓之内，已再无空地可以储藏什么了。由此可以想见秦始皇陵地宫珍宝藏物的丰富。

杨宽先生认为秦始皇陵园的布局，就是按照都城咸阳设计的，而地宫的布局也是“与咸阳宫同制”，事死如生，在地宫里划分众多间室，一则有利解决顶部堆土的压力，同时也是扩大空间，以便放置大量精美的百官雕塑以及宫中侍从的男女陶俑、木俑、车马具以及秦始皇生前喜欢的用具等随葬品。秦始皇喜欢的东西实在太多了，所以，地宫的空间要大。当然，还有一个重要原因，也是防卫需要，将地宫隔成迷宫一般，便于秦始皇死后“深居”。秦始皇在咸阳宫深居简出，就是担心被人暗杀。为此，地宫也会营建甬道，而且隔成众多的宫室。

至于大量木材的来源，也是可以想见的。这同汉代以及明十三陵许多帝王陵一样，其木料全是柏木、楠木等，粗的三人合抱。柏木楠木坚固、耐久，且含不散之香味，出产于云贵川的深山老林里，那里人迹罕至，瘴气很重。往往是“进山千人，出山五百”，为了采伐这种皇木，从产地到陵地需要五六年的时间。木材如此，石材也这样。当时全靠人工搬运，在地上泼水结冰，成百上千的民工拉着绳，在冰面上一寸一寸地滑行。可谓“一陵要毁几座森林”！

12

自古以来人们以“面南”为尊，历代帝王的陵墓基本上都是“坐北朝南”的方位，以示死后也要君临天下。而亘古未有的秦始皇陵——

地宫的走向又怎样？

高耸的秦陵创历代统治者重死厚葬之先河，被视为皇权显赫的象征。据考古勘探，以及对陵内兵马俑位置的判断，专家认为，陵墓的朝向为坐西向东。这是一个非常奇特的布局。因为自古以来人们以“面南”为尊，历代帝王的陵墓基本上都是坐北朝南的格局，以示死后也要君临天下。

而统一天下的秦始皇为什么来个标新立异，坐西向东呢？人们很自然会为此感到惊奇。哲人有言：“惊奇是无知的女儿，它本身又是想象的母亲。”所以，惊奇引出了许多知识。

要了解地宫的走向怎样？先要考察“司马道”的走向。

古时，帝王在世时专用的道路叫“御道”，而死后特意为其专修的道路就叫“神道”，也叫“司马道”。司马道一般也是帝王陵墓的中轴线，具有重要的考古意义。

地质学家孙嘉春先生认为，秦始皇陵的司马道是南北走向的。其理由是，陵园南高北低，背依骊山，俯视渭河，南北高差达 85 米，陵园面向北是再合适不过了。

"几经陵前问祖龙，可知伟业并非空？" 此为秦陵。

原秦陵考古队长王学理先生认为，秦陵的"主神道"方向，肯定在陵园的北部。其理由是，由北门入内，拾级而上，给人一种直达天庭的感觉。

这一说法得到为数不少学者的赞同，他们认为，陵园面"向北"最合风水了。同时，其他国君大多将封土堆安置在回字形陵园的中部，而秦始皇陵的封土堆却位于内城南半部，从对称角度讲，司马道东西走向说不通。有的认为秦陵"坐西向东"的那条"主神道"的顶端，至少要横穿八条被骊山洪峰冲出的大河沟。万余庆又从子午线加以论证，他说："在室内形成的遥感图像中，也惊奇地发现，如果把秦陵封土堆与骊山主峰——望峰连线，竟然与南北子午线完全重合。再向北，鱼池遗址旁秦时修建的大坝竟然也正在这条子午线上，这应该不是巧合。"

言之凿凿的南北朝向之说，遭到学者们的质疑。

袁仲一等众多秦陵考古专家都一致认为，秦陵的司马道为东西走向，即陵园面向东。袁仲一先生在《秦始皇陵考古纪要》中给出了三个论据：

其一，陵墓南、北各有一条通道，唯有东边有五条通道，“说明东边是主要通道，即始皇陵墓的方向为东西向”。

其二，从陵园的整个布局及地理环境方面来看，只有陵墓东侧地势开阔，符合古代选择墓向“明堂要清”的要求。

其三，墓葬和陵园为东西向是秦人固有的习俗。

陕西省考古研究所研究员张占民也给出了东西走向的两个根据：

其一，陵园内外城垣唯有东门规模最大；

其二，唯有东侧的陪葬坑不但规模宏大，而且多与军事内容有关。

由此看来，地宫的朝向是坐西朝东。其理由种种：

一是求仙说。有的认为，秦始皇生前派遣徐福东渡黄海，寻觅蓬莱、瀛洲诸仙境，并多次亲自出巡，东临碣石，南达会稽，在琅琊、芝罘一带流连忘归，这一切无不昭示其对仙境的迫切向往。可是，徐福一去杳无音讯，秦始皇亲临仙境的愿望终成泡影。生前无法觅到长生不死之药，死后也要瞻瞩东溟，以求神仙引渡而达于天国，大概这就是暮年秦始皇的最大愿望。基于此，秦始皇陵也就只能坐西向东；在朝东的地宫中，期待着有朝一日灵魂升仙。

二是征服东方说。有的认为，朝东与秦始皇的雄心壮志有关。秦国在“战国七雄”中处西部，秦王嬴政把陵墓朝东建造，就是为了彰显自己征服东方六国的决心。并吞六国之后，为了防止其死灰复燃，秦始皇要在自己死后阴魂仍能注视着“山东六国”。这恐怕是

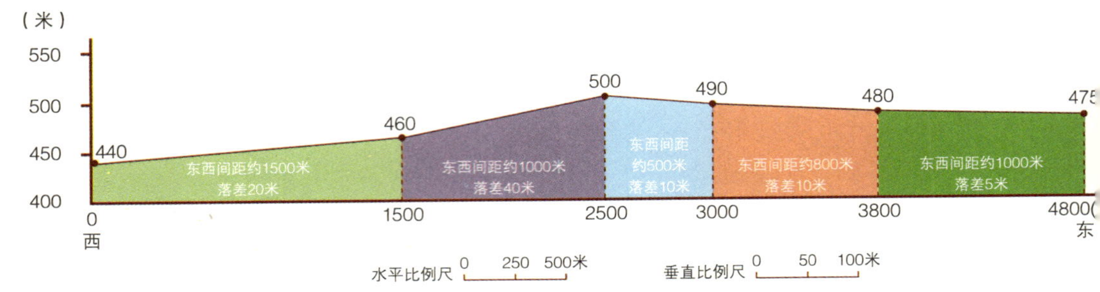

秦始皇陵区东西朝向地势示意图（选自袁仲一著《秦始皇陵考古发现与研究》）

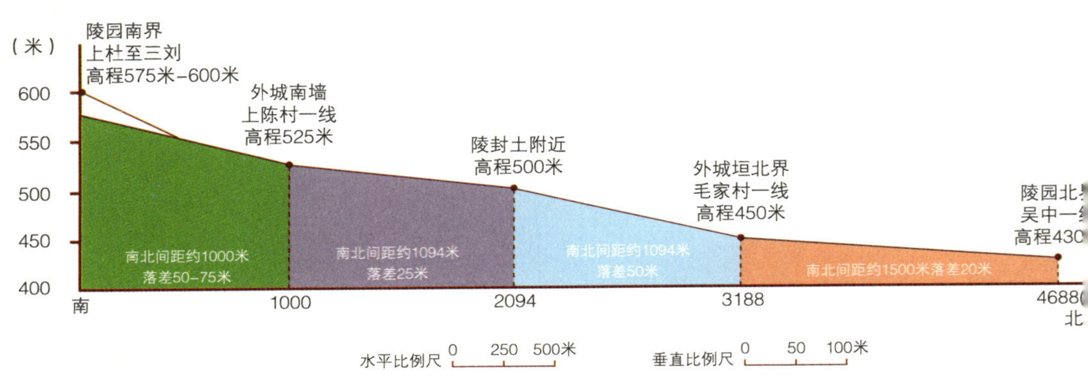

秦始皇陵区南北朝向地势示意图（选自袁仲一著《秦始皇陵考古发现与研究》）

始皇帝矢志不改陵墓的设计建造初衷，仍按原东西朝向布局的重要原因。

三是风水说。有的认为，陵南紧靠着的骊山，阻挡了去路；陵北分布着寝殿、便殿及陪葬墓群，亦挡了去路。另外，封土是从陵北现鱼池村附近挖土运来的，要是坐南朝北，等于在门前挖坑，切断神道，不合情理。再则，东面地势开阔平坦，陪葬坑、陪葬墓位于东西向神道两侧，兵马俑坑在陵东部正门之外，布局合理，俑坑内的陶俑大都面向东方，与陵墓朝向一致。何况，在秦始皇陵之前的凤翔雍城秦公十三座陵园，临潼西秦东陵的四座陵园，均为东西向，说明秦始皇陵的朝向是继承秦朝固有传统。

四是秦礼说。有的认为，秦始皇陵坐西向东，与秦代直至秦汉之际的礼仪风俗有关。《仪礼 · 士冠礼》云："主人东西（面向东）答拜，乃宿宾"；《史记 · 项羽本纪》记载鸿门宴中，"项王、项伯东向坐，亚父南向坐。沛公北向坐，张良西向侍"。这些都是主人面向东坐的实例。在那个时代，从皇帝、诸侯上将军直到普通士大夫家庭，主人都是坐西向东的，秦始皇生前是天下共主，死后的陵墓理所当然地也要坐西向东了。据考察，陕西境内已发掘的917座秦墓，绝大部分都是东西向。秦公陵园的32座大墓，也全部面向东方。是什么原因让秦人采取这东向的葬式呢？有学者认为，由于东方是秦人祖先曾经劳动、生活过的地方，他们对东方怀有特殊的感情，然而东西悬隔，路途遥远，其间又强敌林立，"叶落归根"的希望非常渺茫，因而采用朝向东方的葬式，以示不忘根本。秦始皇天下独尊，为了保持"尊位"，陵墓的朝向可想而知。

杨宽著《中国古代陵寝制度史研究》书影

有趣的是，持"秦人起源于西方"说的学者，也殊途同归地对秦陵的东西向作出了合情合理的解说。这种观点认为，秦人采用"头朝西方"的葬俗，是想彰显他们来自中国西部。

对中国古代陵寝制度作了深入研究的杨宽先生，1981年2月在日本东洋文化研究所作了题为“中国古代陵寝制度的起源及其演变”的报告。报告中，讲了秦陵及地宫的朝向问题。讲演完毕，有听讲人提出：秦始皇陵朝东，是否意味着死后也要将逃至日本的徐福等人找回来！提问尽管带有幽默感，杨先生也以诙谐口吻回答道：“非也！秦始皇有其伟大的方略和宽广的胸怀，他的心眼不至于如此狭小。”为了让听讲者对秦陵及地宫的朝向有更多理解，杨先生还当场讲了朝向的礼制原因。后来，杨先生把这些见解补充在《中国古代陵寝制度史研究》一书中。他说：

“秦始皇陵园的布局，把陵墓安置在整个陵园的西南角，是按照古礼以西南隅作为尊长之处的；把建置陵寝的长方形小城筑在陵园的西部，是按照礼制以西方为尊的；把陪葬墓区放在陵园的中部南方，正当陵墓的东方，因为按照礼制是‘尊长在西，卑幼在东’的。陵园整个朝向东方，在东方正中设有大道和东门阙，因为按照礼制以东向为尊的。陵园的东门大道，相当于后世陵园的‘神道’，是整个陵园的主要通道。在东门大道以北布置有三个兵马俑坑，排列成面向东方的庞大军阵，是有其用意的：一方面用来表现东向为尊的礼制，一方面又是用来表现秦朝威镇东方的形势。秦始皇在完成全国统一以后，把注意力集中于东方地区。他五次大规模地出巡，三次到了东方的海滨；他七次刻石歌功颂德，都安置在东方，除碣石刻石在东北沿海地方和会稽刻石在东南近海地方以外，其余五块刻石都在今山东。”还说：“秦始皇创设第一个皇帝的陵园，并不是凭空设计的。他有战国时代各国君王的陵寝作为蓝图”，也是“按当时国都咸阳设计的”。始皇帝陵的布局“对西汉诸帝陵园发生了直接的影响。西汉陵园的布局有许多方面是沿袭秦的礼制的”。杨先生认为先秦的礼俗决定了秦陵的东西朝向。

13

考古学家利用自然电场法和核磁共振法测出，在所推断的墓室和地宫范围内为不含水区，而在陵外相同深度为含水区。在两千多年的漫长岁月里，陵外的地下水为什么没侵蚀到相同深度的墓内和地宫里？因为——

地宫有“阻排水大渠”

除了宫墙，研究人员发现在秦陵周围地下存在规模巨大的阻排水渠。长约千米的阻排水渠，宛如一堵厚厚的墙，屏障般地阻隔着地下水的渗入。据测，阻排水渠底部由厚达 17 米的防水性强的青膏泥夯成，上部由 84 米宽的黄土夯成，借助地势落差，正好挡住地下水的渗透，有效保护了地宫。

阻排水渠规模之大着实让人难以想象。秦陵考古队队长段清波先生说：“阻排水渠设计相当巧妙。秦始皇陵园地势东南高、西北低，落差达 85 米，而阻排水渠正好挡住了地下水由高向低渗透，有效保护了墓室不遭水浸。”

阻排水渠是在总体设计中预先设计的项目吗？

有一种说法，认为陵园中的阻排水渠并非是一开始就有的项目，而是遇上水淹才修建起来的。此说低估了秦人的聪明才智。另一种说法，认为阻排水渠是一开始就有的设计项目。自古以来，人们营

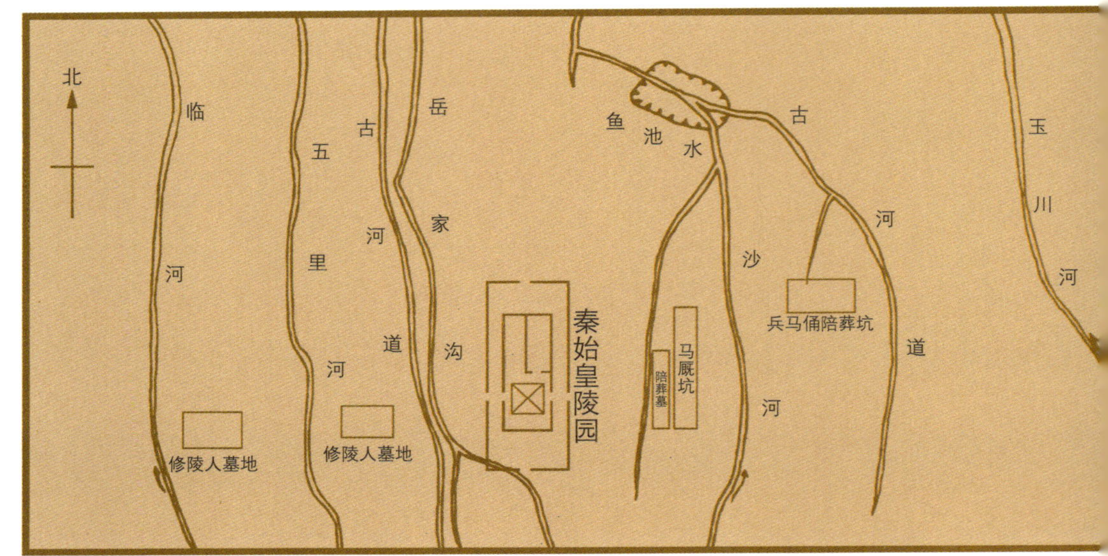

秦始皇陵区分布与河流关系示意图

建坟墓有这样的观念：一要防水；二要防盗。因此，决不可能在陵园设计时对此不作考察。对于秦陵地区的地下潜水问题，在选址时就勘察了。这样考虑问题，比较合理。

正由于地层中存在有多层自东南向西北流动的地下潜水，秦陵的设计和施工人员一开始就把阻排水渠列为秦陵的重要工程。唯有修筑阻排水渠，才能确保地宫的营建。

又有一种说法：既然修陵墓最忌水浸，为何不避开此地呢？事情并非那么简单。其实，坟地既要避水，又要有水，这是墓地风水之所在。风水之说，崇尚于秦汉，更盛于隋唐五代。人们把死者与生者、人世间的幸福与葬地的优劣相对应，认为墓地风水的好坏决定着子孙后代的命运与福祉。而墓地风水好坏，关键在于"山水相宜"，不峻不低，不满不亏。

唐朝末年，当时还是一介平民的王建，亦非常重视为其父亲选择墓地。《十国春秋》中记载着这样一个故事：王建挖地数尺安葬他

用鹅卵石铺就的散水显示了秦陵地面和地宫建筑的奢华。

的父亲，当他把父亲的棺木放入墓坑的时候，棺材突然从墓坑里跳了出来。此时，忽然出现一个老者对他说道：“这里是天子下葬的地方，怎容一介草民葬身于此！”王建不听，仍强行要将父亲葬在这里。棺材从墓坑里反复跳出三次，最后才终于将父亲安葬入土。

这是一则典型的风水决定命运的故事。它表达的无非是这样一个意思：王建之所以能够登上前蜀皇位，就在于他父亲的坟址选得好。显然，这是王建为自己登上皇位寻找的合理借口，但也反映出这样一个事实，那就是王建非常崇尚风水之说。因此，在他登上皇位后，运用墓葬风水术为自己营建寿陵就不足为奇了。那么，王建葬父之地究竟是怎样一块风水宝地呢？从这一故事的记载中可以看出，王父坟址乃处“山不峻，水不满，山水相宜”之地，是一块背山靠水的“风水”宝地。

按传统风水术的观念，所谓的风水宝地，乃是“前有洿池，后有丘陵，东有流水，西有长道，谓之正穴”。骊山处于山水的中心地

鬼斧神工，绝思巧构。此为“五岭”遗址。

带，与中国传统风水观念中的“风水之法，得水为上”的理念不谋而合。骊山的选址，无论是在区域位置、自然环境、朝向、水系等方面，均体现出传统阴宅风水术的观念，后来历朝历代风水说与其一脉相承。

此外，秦陵陵址的选择，还同秦始皇“水德之始”的君权神授理论有关。秦始皇即皇帝之位，采战国时代齐人邹衍所提出的“五德终始说”，来宣扬秦代周是顺应天意，自己被尊为天子是受命于天。所谓“五德终始说”，是说“金”、“木”、“水”、“火”、“土”五德轮回，符应若兹。当时，有人顺承秦始皇的心意，编造出秦文公五百年前出猎时获得一条黑龙的故事，以为“符应”，秦始皇因此而大为高兴，便根据“五德终始”之说，以秦文公获黑龙为水德的祥瑞，说什么“方今水德之始”，“周得火德，秦代周，从所不胜(即水能灭火)”，因而“衣服旄旌节旗皆上黑，数以六为纪，……更名河曰德水”。正由于秦王朝以“水德为始”，也就得“以水为伴”，墓地的选择上必考虑有水系。所谓“水德”云云，其实有两层意思：一是充分发挥水之利，把衣服饰物制成黑色，就是借水色表示自己的永恒；二是十分注意防治水患，阻排水渠的建设，即是防治水患之一例。

由此可见，秦陵择址时，并非事前不知此地有水，而恰恰是认定此为“得水为上”的选择。所以，如何确保秦陵地宫不被水浸淹，这是陵寝设计的题中应有之义。而且，当时秦王朝已拥有修建都江堰、灵渠等鬼斧神工般水利工程的技术。就说灵渠的开凿，实际上是沟通珠江与长江南北两大水系的运河。灵渠的选址在湘水与漓水相距的最近处，两水相距仅 1.5 公里。其水位差仅为 6 米，而两水间的小土岭的相对高度在 20 至 30 米之间。设计与施工人员以拦截湘江、提高水位，使之增高 6 米左右，然后开凿一条 33 公里的运河，运河分南渠、北渠两部分，南渠注入漓江，北渠汇进湘江。这项工程充分反映出当时的水利设计所达到的较高水平。这样的智慧，在秦陵修建工程“穿三泉”以及筑阻排水渠等，必定凝结在总体设计方案中。段清波研究员风趣地说：“秦人太聪明了，正在修建的北京国家大剧院，也不过是按照这套办法来解决水浸问题的。”

在电法探测中，科技人员在阻排水渠位置发现了一个有趣的异常现象：渠北侧的电阻率极高，而渠南侧的电阻率却极低。这是什么道理？刘士毅解释说：“原来是由于封土堆地势南高北低，地下水从南侧往地宫方向流，阻排水渠内外侧电阻率的差异，说明虽然两

笔者拍摄的“五岭”残部

千多年过去了，阻排水渠仍然发挥着重要的防水作用，保护了地宫免遭水侵。”

据考古勘探，在秦陵所探明的一套地下阻排水系统，随陵园的自然地势而精心布设，可以看出当年的设计者和施工者对陵区地质状况的掌握已达到了然于胸的程度，并具备极为高超的测量技术。这也证实阻排水渠在设计中是原先就有的，并非遇水之后的应急工程。正由于此，让世界所有的工程专家都叹为观止。

之所以让专家们赞叹不止，实因设计之高超。考古人员介绍说，将近绕陵一周的阻排水渠，环行在高低不平的地貌上，渠底的水平掌握需要测量得非常精确。勘探表明，阻排水渠的底面高差在1米左右，这样则保证了渠中的水能够按照设计意图流向一处，排出陵园。选用青膏泥作为前段下层的封堵材料也十分高明，而且所用的青膏泥之多、夯层之厚，确乎超出想象。同都江堰和灵渠一样，只要作品设计出来，并不需要过于复杂的技术就可以将其付诸实施，这才是第一流工程的伟大之处。

秦陵设计和建造者是这样完成秦陵阻排水渠建造的旷古之作的：

墓圹开挖的同时，先在地宫的迎水面（即南部和东西两侧）挖设一条超过地宫设计深度、平面略呈“U”形的人工沟壑，从而汇聚各层地下潜水，并阻拦其进入墓圹，以利于北部地宫的修筑。这条778米长的排水渠环绕墓圹的三侧，是整套系统的前段。南侧水渠最宽，上口宽达84米，底宽9.4米，渠中心处深39.4米。后段排水设施全长525米，由位于封土西侧以外类似“坎儿井”的一组明井和暗渠组成，与前段工程的西北端相接，将前段沟渠汇聚的地下水流排出陵园。这些明井暗渠连成的排水道呈“Z”字形布局，现已探出八段明井和七处暗渠交替相接。明井都是口大底小，相互之间以拱顶的地下暗渠相通。暗渠底宽约1米，顶部已基本坍塌，然而渠洞内却没有发现管道。

前后两段排水渠道能够顺利地保障地宫的修建，但工程结束后上面终究是要覆盖封土的，那样前段水渠就再也无法承担起排水功能。于是工程设计和建造者利用枯水季节，将加工过的青膏泥（质地细密类似湖底淤泥，隔水性强）填充在前段沟渠内并逐层夯实，夯层厚达17米；在青膏泥之上，再以21米厚的含沙黄土夯填。这样前段的排水沟渠就成为横亘地下的拦水大坝，功能也由排水转为阻水，以另一种方式隔断了地下潜水对地宫的渗透。由于受阻的地下水不再汇聚成流，后段的明井暗渠也基本丧失了排水功能，但它的使命已经完成了。考古学家推测说，正是因为后段作为临时工程，所以暗渠部分才没有必要铺设管道以继续它的使用价值。

双直孔石水道

圆水道弯管

单曲孔石水道

五角形陶水道

仅此一个秦陵地下阻排水系统，就足以说明秦代大型工程的设计和施工技术之高超。地宫的建成本身就说明了排水系统的成功。而阻水系统，更是经历了二千二百多年时间的检验。在物探中，考古学家利用自然电场法和核磁共振法测出，在所推断的墓室和地宫范围内为不含水区，而阻排水渠外侧（南段之南）的相同深度为含水区，从而证实这个地下阻排水工程迄今仍然在高效发挥着作用。地下阻排水渠为秦陵地宫防水工程之一，此为暗渠。

防水工程之二，即与之相呼应的地上排水系统，又谓为“明渠”。在陵园内，不论是墙脚楼旁，还是封土周围，均列有整齐的排水管道，形成一整套纵横交错的地表排水设施。它们能将生活用水、地表雨水迅速排到地势低洼处，并引向陵园外。

防水工程之三，乃是骊山山麓前筑就的防洪大堤，以防范源自山间的洪水对陵园的破坏。骊山蜿蜒起伏，峰谷相间，山谷呈南北向。从骊山上下来的洪水沟有五条，由东南向西北，流经陵园，其中直接威胁陵区的山水有两条：一为大水沟，二为瓦窑沟。每当暴风雨来临时，山上的洪水夹杂着砂石从南边的骊山山谷间奔流而下，从而在骊山北麓形成一块块的冲积扇。始皇陵就建于其中的一块冲积扇上。为了防止骊山洪水冲击始皇陵，当时的建设者们于秦始皇陵南侧的大水沟前筑起了一道防洪大堤，使“水过而曲折，东注北转”(《水经注 · 渭水》)，从而使始皇陵园免遭水患。

防洪堤从大水沟西侧的山脚开始，至秦兵马俑博物馆前的王硷村与三任村之间止，呈西南、东北向，全长约3500米，现遗迹仍存，残长1000米，宽约40米，系用含大量砂石的土夯筑而成。从而将秦始皇陵南面的洪水阻挡向东北流至三任村西，再往北流至西黄村一带，转而西折，从K007陪葬坑（即青铜水禽坑）以北的水沟流向鱼池一带，继而注入渭河，从而使秦陵封土和各种陪葬坑、陪葬墓以及地面建筑免受洪水破坏。

时至今日它依然高高隆出地面，长久以来被当地人称为“五岭”。这是保护秦陵特别是地宫的有效措施。对此，《史记 · 秦始皇本纪》之《正义》引《关中记》云：“始皇陵在骊山，泉本北流，障使其东西流。”这是符合当时的实际的。

秦陵南部是山洪经常暴发的区域，多层的地下潜水也时刻威胁着地宫的安全，更何况秦陵是“穿三泉”而建的。考古学家以物探等手段所获资料充分表明地宫的墓室尚未坍塌，也没有进水。这无疑归功于一套完善的地下大型排水工程。正由于渠的防水作用，史官们在有关秦陵的许多大型工程忘却记载的情况下，唯独此“渠”被实录下来，可见其作用之大！

14

从文献上可知，秦始皇时已废止活人殉葬的“从死”制度。秦陵东侧出土的大量兵马俑，也表明秦始皇有意以实际行动来废止以活人殉葬的“从死”制度。可是，实际上秦始皇死后又以活人殉葬。于是，又引出一个争论的话题——

是否用活人殉葬？

秦始皇是否用活人殉葬？对此问题有两种回答：

有一种意见认为，秦始皇时代废止了活人殉葬的“从死”制度，其根据就是以陶俑代替了活人。俑是古代用于陪葬的偶人。秦陵东侧出土的大量兵马俑就是送葬的殉俑群，这充分表明秦始皇有意以实际行动来废止以活人殉葬的“从死”制度。

另一种意见认为，秦始皇时代仍然实行活人殉葬的“从死”制度。其根据是秦始皇晚年专好以刑杀强化自己的威势，他这种滥杀无辜的严酷手段，必然会在殉葬上延续“从死”制度，这也是一种历史惯性的表现。

笔者曾参加一次秦汉史讨论会。场外话题涉及“活人殉葬”，有所争论，不妨摘编几句：

甲：“秦始皇的地宫里，不可能以活人殉葬。”

乙：“为什么？”

秦俑壮秦陵，八奇惊世界

甲：“因为秦始皇仰慕‘真人’，要做‘真人’，不称‘朕’。真人要微行、恬静，才能得到不死之药，所以不要活人殉葬。再说宫外已有大量陶俑陪葬了。”

乙：“事死如生，生前有人侍奉，死后也要有人侍奉，所以要把宠臣也拉进地宫陪伴他！”

甲：“他的宠臣是赵高等人。可是，他们一个也没有进入地宫殉葬，而是在咸阳宫里当权！”

乙：“那是秦始皇身后主政人的变卦，将宫女推进去殉葬！”

甲：“这也是不可能的。秦始皇的宫女成百上千，据学者张文立统计，始皇帝子女有 45 个，要是让没有生育的宫女殉葬，也是成百上千的，怎能容得下？！”

乙：“这是秦的‘从死’制度，不管容得下容不下，选始皇帝最宠爱的作为代表殉葬。”

……

争议是有趣的，也是深沉的。尽管是学术讨论会场外之音，但也道出了对秦代的“从死”制度的研究兴趣。

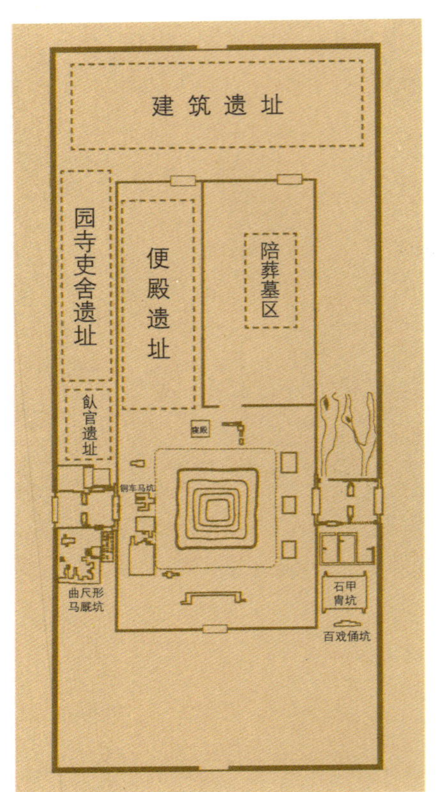

秦始皇陵陪葬墓区示意图

人殉的历史从殷周时期开始，那时从天子到大臣，凡有身份的奴隶主贵族死后往往都要用活人殉葬。奴隶主贵族因身份等级不同，殉葬的人数多少也不一样，少者墓内 1 至 2 人，多者数十人甚至数百人。

秦国用活人殉葬始于春秋时期的秦武公。《史记 · 秦本纪》有载：秦武公二十年的时候，武公逝世，葬在雍邑的平阳。这时开始用活人殉葬，谓之“从死”，当时从死者六十六人。《史记 · 六国年表》也记载此事：秦武公二十年，葬于雍地，开始以活人殉葬。这一年，是公元前 678 年，距离秦始皇入葬 468 年。

秦国“以人从死”的制度实行了 57 年，到了秦穆公三十九年，即公元前 621 年，仍然实行“从死”之制，《史记 · 秦本纪》记录了这一残酷的历史事实：这一年，秦穆公去世，葬于雍地。以活人殉葬的有一百七十七人，其中有秦国的良臣子舆氏三人，他们名叫奄息、仲行、缄虎，都在陪葬之列。不过，有人认为“三善臣”的从死是出于自愿的。唐代张守节引应劭云：“秦穆公与群臣饮酒酣，公曰‘生共此乐，死共此哀。’于是奄息、仲行、缄虎许诺。及公薨，皆从死。〔黄鸟〕

诗所为作也。”这里所谓的自愿从死，当然只是在专制威迫下的一种无奈选择。孔子有言：“君待臣有礼，臣事上以忠。”后来就被孔子之弟子演变成：“君要臣死，臣不得不死”，“父要子亡，子不得不亡”。

尽管此时还在将活人殉葬“从死”，但秦国人的生命意识毕竟提高了，对于以活人殉葬的“从死”制度深感悲哀，为此作了一首题为“黄鸟”的诗，哀婉悲歌。有位君子也站出来评说了以活人殉葬的“从死”制度，他说：“秦缪公广地益国，东服强晋，西霸戎夷，然不为诸侯盟主，亦宜哉。死而弃民，收其良臣而从死。且先王崩，尚犹遗德垂法，况夺之善人良臣百姓所哀者乎？是以知秦不能复东征也。”言辞不可不谓严厉。其意是说，秦穆公能够扩张疆土，使国家强盛起来，在东方征服了强大的晋国，在西方称霸于戎夷地区，像他这样立下伟功而没有被尊奉为诸侯的盟主，也是有道理的。那就是因为他死后不再考虑国民的利益，甚至强迫他的良臣随从殉葬，如此做法，即使先王崩逝，留下了美德，可是以活人殉葬，夺去了善人、良臣和百姓的性命，着实令人哀伤，由这件事可以知道秦国是不能再向东方发展了。

当时，以活人殉葬的“从死”制度面临严峻的社会批判。司马迁在《史记·蒙恬列传》中记述了蒙毅的这样一段话：过去秦穆公用三位良臣去殉葬，判处百里奚以不恰当的罪名，所以谥号为“缪”。后来，秦昭襄王杀了武安君白起，楚平王杀了伍奢，吴王夫差杀了伍子胥：这四位君主，都犯了大的错误，所以天下人都非议他们，认为这几位君王是不贤明的，因此他们在诸侯国中声名狼藉。也说秦穆公以三良“从死”，是一个大的错误。

从文献上看，秦国是从公元前384年开始废除人殉制度的，也就是《史记·秦本纪》所说的：“献公元年，止从死。”献公顺应历史潮流，从制度上废除了残酷的人殉制度。这种人殉制度在秦国的废除，到秦始皇时，已经过去了一个半世纪。

从秦国人殉制度的兴起与废除历史来看，到秦始皇时期按理已不应再出现残酷的人殉现象了，可是事实并非如此。当秦始皇下葬时，以活人殉葬更是疯狂至极，当时被殉葬有两种人。

一种是后宫嫔妃。据《史记 · 秦始皇本纪》载：秦始皇死后，秦二世胡亥说："先帝后宫非有子者，出焉不宜。"于是"皆令从死，死者甚众"。认为先帝后宫的女子，只要是没有生育子女的，如果将她们放出宫去，是很不适宜的。于是都命令"从死"。后宫嫔妃们生子者必然寥寥无几，因此，为秦始皇殉葬的嫔妃宫女，无疑是中国历史上殉葬人数最多的一群。

还有一种是参与葬事的"工匠"和"藏者"。据《史记 · 秦始皇本纪》记载："葬既已下，或言工匠为机，臧皆知之，臧重既泄，大事闭，已臧，闭中羡，下外羡门，尽闭工匠臧者，无复出者。" 即谓秦始皇安葬后，那些参与施工的工匠们，对于地宫中的宝藏和结构都了然于心，难以保密。于是在封闭墓道中门之后，迅速落下墓道外门，把参与葬事的"工匠"和"藏者"全数封堵在墓道之中，没有一个人能够脱逃。秦二世竟然采取了极其残暴的手段，将"工匠"、"藏者"全数杀害。这是中国历史上的一大悲剧。这些堵封在墓里神道中的工匠，是秦代技艺高超的工匠，秦二世担心这些人泄露墓中的机密，便将他们置于死地，被活埋的人多达万余人。

秦始皇下葬时，被活埋的多达万余人。后人多怪罪于秦始皇，并视作始皇帝"暴虐"罪证之一，加以声讨。清人钱锴《始皇陵咏》诗为此感叹道："叩之空空但铜漆，复设机弩如警雷；骨枯何待工匠泄，羡门一闭万鬼哀。"其实，这也是冤枉。有的罪恶的确不是秦始皇直

列队拥帝驾，甲兵未息肩。

接酿成的，后人却算在秦始皇的身上，这是不公平的。对此，西汉贾谊认识比较清醒，他说："二世……繁刑严诛，吏治刻深，赏罚不当，赋敛无度"，于是"自群卿至于众庶，人怀自危之心"（《过秦论》）。鲁迅先生也指出："秦始皇实在冤枉得很，他吃亏是在二世而亡，一班帮闲们都替新主子去讲他的坏话了。"（《华德焚书异同论》）以活人殉葬是秦二世之所为，此为一。

其二，这也是秦代"从死"制度的使然。秦始皇先祖尽管下过废止"从死"令，但始终没有真正断绝。对此，李学勤先生明确指出："战国中期秦献公下令'止从死'，但是始皇死后又恢复了人殉。"（《秦始皇陵研究》序言）秦二世当政时，这种"人殉"制度的恢复，还有这样一个事例：公子高在秦二世胡亥杀害兄弟姊妹的时候，为了保全家人，上书说：先帝安好康健的时候，臣入则享受先帝的饮食，出则驾乘先帝的车舆，曾经穿御府的衣裳，曾经骑中厩的宝马。臣当从死而不能，为人子不孝，为人臣不忠。不忠者无名以立于世，臣请从死，愿意埋葬在郦山的脚下。胡亥准许了公子高的这一请求，并赐钱十万予以安葬。秦二世以"从死"方式处置公子高，是在和令宫女"从死"大致相同的时候。对于上焦村的17座墓葬主人，专家们推断是秦始皇帝的其

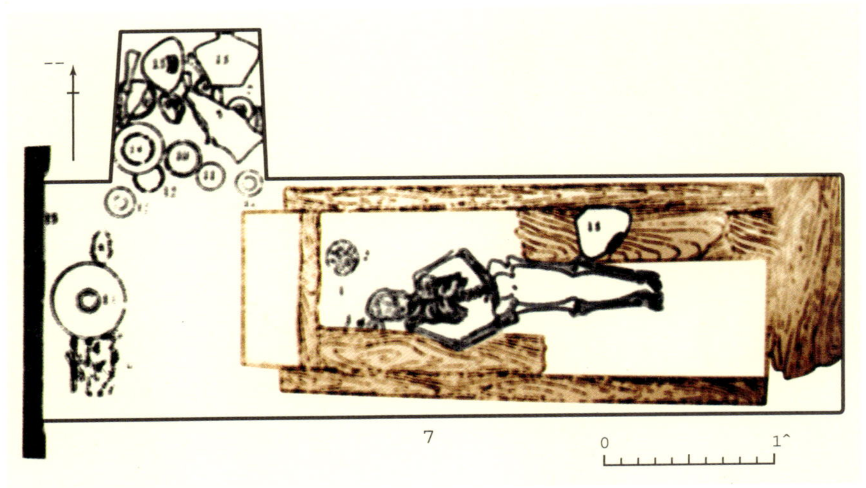

上焦村秦墓平、剖面图。17座墓葬均为东西向，南北作一字形排列。其墓主可能是秦始皇的公子、公主。

他子女或宗室大臣。推断理由之一，它们呈单行南北一字形排列，墓间均距约8米，表明是同一个时间的墓葬群；理由之二，以“甲”字形墓葬，显示了相当高的规格；理由之三，被埋葬者死于非命，且有金银铁陶贝漆器等随葬物。显然这是经组合连缀后所揭示出来的一种历史可能。

以活人殉葬的“从死”礼俗，是森厉的等级制度的反映，也是野蛮时代人的生命价值和生存权利不能得到起码尊重的文化形态的反映。秦始皇虽然作了努力，以俑代人殉葬，但最后还是以人殉葬，这是可悲的。

在此，不能不提及历代帝王中薄葬的典范——曹丕父子。曹操也是力主薄葬的，在《遗令》中说：“吾死之后，敛以时服，葬于邺之西冈上，与西门豹祠相近，无藏金玉珍宝。”这里讲得非常清楚，只要为他穿着平日的衣服入敛，不要把金玉珍宝放进坟墓去。这一点比起秦汉诸帝都得着金缕玉衣下棺，把身前喜爱的珍宝都藏入地宫那样

曹丕倡薄葬

要俭约多了。

曹丕是一位很有作为的皇帝，他继承并发展了曹操的文治武功。曹丕的文学成就很高，是汉魏之际建安文学的代表人物之一。曹丕也是“简殡薄葬”的倡导者、实行者。曹丕在生死观上比诸多帝王要高明得多。曹丕对他的后事的安排是非常明智的。他怕后人违背他的意愿，在他百年之后，以他是“开国之君”为由故行厚葬，特意作了《终制》放在宗庙里，还把副本各一份，分别存在尚书府、秘书府的档案里。不妨将大意摘录如下：

按礼来说，国君即位后就得造陵墓、做棺材，这是表示没有忘记死亡。过去，帝尧葬于谷林，那里遍地是树。禹王葬于会稽，农民仍在那儿种地，没有挪过地方。所以葬在山林，即与山林融为一体。在墓上又堆坟头又种树的礼制，并非上古之礼，我不予采纳。我的寿陵要因山为体，不做坟头，也不种树，更不要建什么寝殿，造什么园邑，通什么神道。何谓葬？就是藏的意思，不能让人见到才是。骨头不知痛痒，坟墓也不是神住之地，按礼是不祭坟墓的，为了要表示不去亵渎死亡，所以做棺椁是为了让骨头腐烂，盖被服是为了让肌肤腐烂。

安葬父母的遗体，使他们的魂灵永远安而无危，这是最大的孝顺。自古及今，没有不亡的朝代，没有不被发掘的墓冢。董卓乱国以来，东汉皇帝们的陵墓没有不被盗掘的。冢墓一经发开，撬碎棺木，掠走金玉珠宝，骸骨散乱狼藉，就像遭受肢解的刑罚一样，岂不更加心痛！如果你们违背了我的诏书，随便改变我薄葬的意愿，到后来我尸体就会碎了又碎，等于死了多次。蔑视君父生前的遗训，就是不忠不孝，若死者有知，在阴间也不会保佑你们的。

我找这块墓地，不要后人来祭扫、上供，就是让后人不知道我葬在什么地方。因此用不着“苇炭”，也不要藏什么金银铜铁，一概用瓦器就可以了。这样才合乎古代送殡用涂了泥的车、用草扎的车和马的意思。棺材上过三遍漆就可以了，也不要用珠玉放进嘴里含着，更不要穿金缕玉衣。要不然，那都是愚俗的做法。

曹丕在这里彻底否定了鬼神之说，真可谓是唯物论者。在曹丕眼里，棺椁、衣衾不过是为了让肉体加速腐朽的用具，此论比千方百计追求神仙不死之药的秦始皇要高明得多。曹丕提倡薄葬，身体力行，所下的决心是够大的。死前，让后宫“淑媛”、“昭仪”以下女子都各归其家。因此，他死后的葬事活动，完全是按照他在《终制》里的要求实行了。自殡及葬，皆以《终制》行事。按照曹丕生前的意愿，他死后实行了薄葬，墓冢没有封树，没建寝殿，也没搞神道等设施，致使后人无法知道他的墓的确切地点，成为历史上的千载悬案。近代，历史学家和考古学家从1918年出土的晋荀岳的墓志和1930年出土的左棻墓志中，断定西晋皇陵应在首阳山镇南蔡庄村北一带。由此推断，魏文帝陵应在首阳山南麓、南蔡庄村以东的地区。至于更准确的地点，截至目前还无人知道，要靠历史和考古工作者今后进一步考定。

曹丕提倡薄葬，反对厚葬，是合乎社会发展要求的，因而深得后人称道。“薄葬达德”，“厚葬致祸”。1700多年的历史证明，无论贵贱，简殡薄葬是最聪明的办法。曹丕实行简殡薄葬的目的，在于防止后人盗他坟墓，不能等同于当今的丧葬改革。但是，曹丕在人的生死观上不比东汉王充的生死观逊色，所以不为人重视，也许被其文才所掩盖。

15

大量水银藏于地宫，是为了象征“百川江河大海”，以营造恢弘的气象，抑或为了保护秦始皇遗体不烂，或是利用硫化汞的有毒气体防止肆无忌惮的盗墓贼入侵。真是诸说并存，扑朔迷离，成为——

地宫水银之谜

据司马迁的《史记》记载：秦陵墓室中“以水银为百川江河大海，机相灌输，上具天文，下具地理”。

秦陵地宫里果真有水银吗？在没有先进的科技手段探测、确认的两千余年里，这只能是一个谜。1982年，这一谜底终于被揭晓了！

中国地质科学院的专家利用现代地球物理化学探矿方法，对秦陵先后进行了两次测试。先在秦陵封土堆上钻眼取土，经过化验，惊奇地发现土壤中汞的含量为70～140ppb，从最深处取出的土质含汞量可达到280ppb，测试结果表明秦陵地下存有大量的水银。

为排除秦陵封土本身就带有大量水银的可能性，地质工作者查找了史料中关于秦陵封土来源的记载，其中郦道元的《水经注·渭水》有载：“鱼池水出骊山东，本导源东流。后始皇葬山北，水过而曲行，东注北转。始皇造陵取土，其地淤深，水积成池，谓之鱼池也。”这里明确记载，骊山的泉水本来是向北流动的，因秦始皇建陵筑起长堤，泉水才折北向东，至今逶迤在秦陵南约3公里处还有一

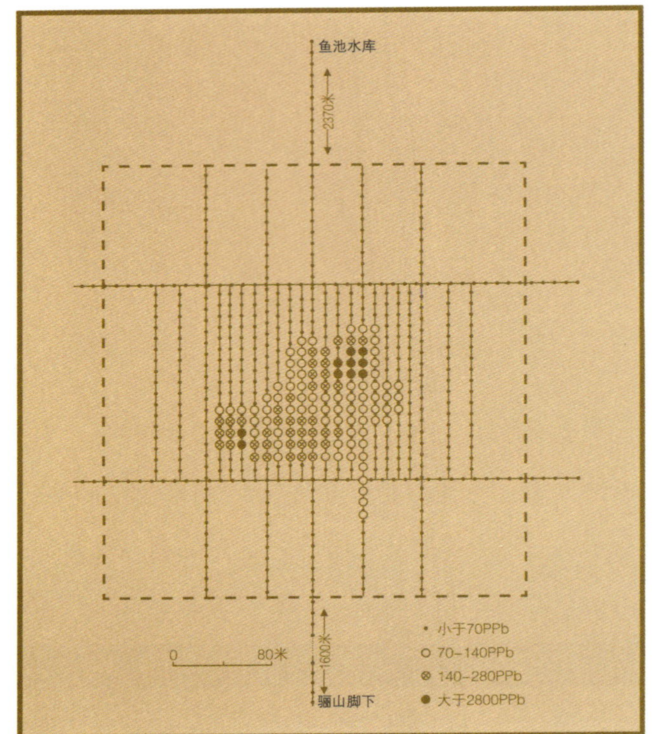

秦始皇陵采土测汞点及各点含汞量示意图（选自《秦始皇陵考古发现与研究》）

段长约1500米、高近10米的长堤残迹，便是明证。同时，记载中还说明秦陵用土取之“鱼池”。至今在始皇陵以北约1.5公里的鱼池村南尚有一大坑，其容积超过秦陵封土的体积。

研究人员并未就此满足。1982年5月，地质工作者再次来到秦始皇陵，并特意从鱼池村坑中取土化验，其结果表明鱼池坑中的土壤含汞量仅为平均35ppb，秦陵封土的含汞量平均值比其约高8倍。如果郦道元的记载无误，这充分说明鱼池村坑中的土壤原来含汞量微乎其微，而运到秦陵之后才发生了巨大变化。

这种变化，显然是来自秦陵地宫内水银挥发所致的结果。因为所有金属中，汞的蒸气压最高，挥发性也最强，所以它的扩散、迁移能力极强。它可以从地下深部向地表迁移，并保持在土壤中。汞的扩散主要是垂直方向，即由下向上迁移。科学家根据汞的这一特点，以此类推，司马迁在《史记》中记述的秦始皇陵地宫“以水银为百

葛洪炼丹遗址上的"稚川丹灶"（东晋）

川江河大海，机相灌输"是可信的。

经过对封土及其周围大面积土壤探测后，发现秦陵封土范围内土壤中的汞含量比周围地区土壤中的汞含量高出4至8倍，甚至更多。从而解开了多年的谜团，用现代科学方法证实了《史记》有关秦陵地宫存有水银的记载。

其实，在墓中存水银，秦始皇不是第一个人。早在春秋时期，许多王公贵族墓中都存有水银。李泰在《括地志》中便写道：晋永嘉末年，有人发掘齐桓公墓，其中有"水银池和金蚕数十箔"。齐桓公墓在山东临淄。《吴越春秋》记载，吴王阖闾墓在虎丘，就是苏州的虎丘，也"以水银为池"。这就说明中国古代王公贵族陵墓中存有水银早已有之。只是秦始皇名气太大，早先"以水银为池"的墓葬反倒没人注意了。

古代炼丹炉

在更早的墓葬中，从仰韶到殷周，则发现其中埋有辰砂。辰砂是什么？辰砂就是氧化汞，也叫硃砂，是汞的化合态，系炼汞的最主要矿物原料。中医学上用为安神、定惊药，性微寒、味甘，主治癫狂、惊悸、不寐等症。经火炼者有毒。在以后北齐、宋代也发现贵族墓葬中存有水银。《南史》记载南朝萧鉴在做益州刺

秦陵地宫猜想

史之时，得古冢，冢中“以硃砂为阜，水银为池”。后世墓葬用朱砂写砖文，巫婆、神汉用朱砂画符，都出于此。

为什么要将汞存在墓中呢？因为汞具有灭菌和防腐作用，中医用来治疗恶疮、疥癣，现代科学中用它制水银灯、汞整流器以及科学仪器。中华民族的祖先早在2500年前便从辰砂中提炼出了汞，曾用于制作铜镜。王公贵族为了使其尸体不腐，将它存于墓中。

如此大量水银藏于地宫，目的何在？据专家学者的分析，目的大致上有三：

其一，在地宫大量使用水银，象征“百川江河大海”，为了“上具天文，下具地理”，以营造恢弘的气象，以说明始皇帝是天、地、人的主宰。

其二，为了保护遗体不烂，因为汞有灭菌防腐功能。

其三，可以利用硫化汞的有毒气体防止疯狂的盗墓贼入侵。

经中外考古专家对秦陵地宫表面大片强汞区域检测，中国考古队再次利用地球物理勘查技术对秦始皇陵进行无损勘查，陕西考古研究所研究员王学理根据大量资料和数据推测，地宫中的水银正如司马迁描绘的那样，是以百川、江河、大海、天文、地理为蓝本的。保守估计至少注入了100吨水银。

这是个令人瞠目的数字。100吨水银，不是100吨水泥，果真有此藏量吗？中科院地球物理研究所的专家也在反复梳理史料并两次实地取样检测后确认：地宫100吨的水银藏量不虚。考古发掘多次证

古代炼丹图

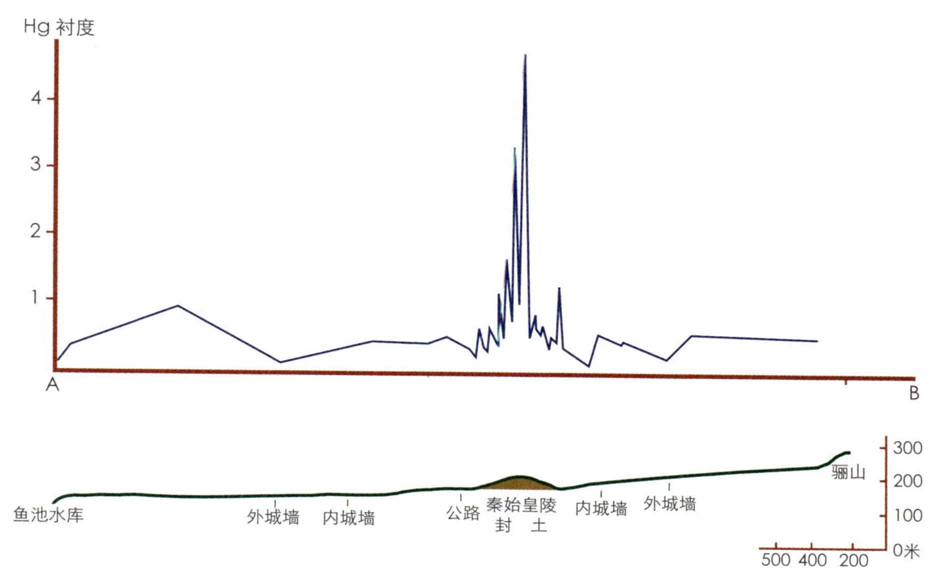

骊山至鱼池测汞点上土壤中含汞量变化图（选自《秦始皇陵考古发现与研究》）

明，《史记》是一部信史。

这 100 吨水银的数量，尽管是一种估计，但推算合理。他们作了这样的推算：从已测知秦始皇陵的强汞范围是 12000 平方米来看，如果按有的学者根据有关资料把储汞的厚度暂以 10 厘米来计算的话，则墓穴内水银藏量的体积应为 12 亿立方厘米。据现代科学提供的依据，汞在 20℃时的密度是 13.546 克／立方厘米。那么，根据计算，始皇陵内原来藏有水银的理论数字应为 16255.2 吨。因为陵内是“以水银为百川、江河、大海”的，要流动起来显然不是平铺地倾入墓底。如按已掌握的汞藏量和现代汞的生产能力，估计陵墓内储有水银应是 100 吨左右，如果这个数字能够成立，再由丹砂炼汞的比率（86.26%）推算，始皇陵内的巨量水银需由约 115.928 吨丹砂提炼而成。聪明的中国古代炼丹家，很早就发明了用石榴罐加热使硫化汞分解而得到水银的方法，只要有充沛的汞矿矿源，100 吨水银的提炼是不成问题的。因此，从有关的文献记载和始皇陵区附近的汞矿等方面来作进一步考察，更能证实秦陵地宫水银储量的逻辑推论。

专家们在对有关史料反复研究的基础上认定：这些水银来自当时巴郡一个叫“清”的富女。

司马迁在《史记》中记载了这个富女。《史记 · 货殖列传》说，秦代的巴郡有个寡妇名叫“清”，数代垄断丹砂开采的生意，秦始皇曾为她修筑了一座豪华的纪念碑——怀清台，以表彰她的“贞节”。

《汉书 · 食货志》也说，巴寡妇清，其家族数代垄断丹砂经营，成为巨富。秦始皇将其奉为上宾，并为她修建“怀清台”，表彰她为“贞妇”。

北师大学者王子今认为，秦始皇为一个女商人筑“怀清台”，让人感觉异样，而且，他晚年还将巴寡妇清接到咸阳养老，这更不符合秦始皇的性格，也有悖于他的政治主张。

巴寡妇清究竟以什么精神感动了秦始皇？让始皇破例以厚礼待之，说法也各异：

其一，“贞妇”说。 许多史志都记载,巴清早年丧夫,终生守寡不再嫁。秦始皇誉巴寡妇清为“贞妇”，为表彰其贞节，不仅在她生前为巴寡妇清修建了“怀清台”，还邀请她到都城咸阳安享晚年。有的学者认为，秦始皇如此对一个“商人”的“贞节”大加表彰，是有感于自己母亲的淫乱，完全出于对贞操的赞赏和倡导！

此说引发学界的质疑，认为秦汉以前女性伦理中的贞节观念，并没有被作为一种根本的意识加以倡导，女性再嫁是寻常之事。对烈女大张旗鼓的表彰，乃是宋明理学兴起以后的现象。有学者甚至认为，秦汉以前两性关系一直很开放，秦始皇的母亲就是一个性乱的典型。就算贞节观在儒家思想中很早就诞生了，而事实上，秦朝的立国思想是法家而不是儒家。

其二，“豪富”说。认为巴寡妇清祖先得到丹砂矿，独揽其利益已经多代，家产也不可计量，秦始皇慕其“豪富”。司马迁也这样认为，这是依赖财富！对巴寡妇记载最明确、详细的是司马迁的《史记·货殖列传》，虽然简单，但也相当明确：“巴寡妇清，其先世获得丹矿，数代擅其利，家财之多难以计量。这个穷乡僻壤的寡妇，礼抗万乘，名显天下，难道不是因为她太富有了吗！” 在民间也有诸多传闻，认为巴寡妇清为修筑长城献出巨资。其实，这也是一种猜度，在传世典籍中，尚未发现巴寡妇清“捐资长城，以赞军兴”的记载。

对于此说又有诸多质疑，当年和巴寡妇清等一样富有的还算不少呢，如乌氏县名“倮”的人，他以畜牧之长，经营牲畜多得要用山谷为单位来计算牛马的数量，可秦始皇仅诏令倮的地位与封君并列、入宫朝见而已，并没有筑台纪念，以表其绩。显然，待遇有差，必有其中奥秘。看来，“豪富”之说也解释不了这一切。这个富女必定有着非同一般的秘密。

其三，“巫神”说。认为巴寡妇清与巫山的“不死之药”一定有着密切的关系。事实上，被誉为远古智者的巴人巫师，很早就了解丹砂的特性，开始了漫长而神秘的丹术之路。巴寡妇清生活在一个巫师聚集之地，巫师的力量离不开丹砂，而她又是被看作“不死之药”的丹砂的头号掌控者，她应该是一个什么身份呢？

于是，有人作了这样的猜想：巴寡妇清会不会也是一个懂得神仙方术的女巫？她真的是第二个“巫山神女”吗？潜心于巫文化和《道藏》研究的西南政法大学刘云生教授认为，“巫”之名始见于传说中的三皇五帝时代，其历史之久远几可与华夏文明史同步。按照四川省社科院研究员袁珂的研究，认为巫山更是超越商朝势力控制范围的神秘之地。被成汤斩首的“夏耕之尸”之所以逃入巫山，其目的只有两个：一是能得到巫人的庇护；二是这里有通神的巫师可用不死之药医治他的“无首”之伤。从巴寡妇清的所在地和所从事的“丹砂”行业看，显然不能排除巴清是远古巫师传人的可能。

司马迁也在《史记》里记载，秦始皇早就就迷上了长生药和“真人术”。为了达到修炼成仙的目的，在炼丹方士卢生等人的鼓动下，秦始皇足不出户，整天呆在殿中，一面批阅奏章，一面“接引”神仙，不许外人打扰。

事实上，巴寡妇清在战国末期就已经接管其家族经营的庞大丹砂水银集团了。而她掌握的神仙方术，也很可能在这个时候就进入了秦始皇的视野。

这个推论并非毫无根据。西南政法大学刘云生教授提供了一个线索：清人沈德潜的《古诗源》收录了先秦至隋朝七百余首诗歌，在序文中明言谓始皇闻《巴谣歌》而问其故，父老都回答说：“此为仙人之歌谣，劝帝求长生之术。”始皇于是“欣然乃有寻仙之志”。从中人们多少能窥见一丝秦始皇与巴人巫术之间的联系。或许，秦始皇和巴寡妇清之间的神秘关系，早就在巴郡民间有所传闻了。

对于此说，不少学者认为言之有理。秦始皇终其一生，都对神仙方术抱着疯狂的幻想和追求。他不仅没有打击神仙方术，相反，他一生都与神仙家保持着密切的关系。在秦始皇的眼里，巴寡妇清一定是个最具“专业”功力的“巫山神女”，他需要她全心全意为他实现永生的梦想奉献智慧。但这个理由，却又放不上台面，一个重农抑商的政权，怎么能如此看重一个“商人”加“巫师”的女人呢。所以，巴寡妇清必须以某种冠冕堂皇的身份出现，这个身份，就是“贞妇”。

秦始皇渴望长生不老（选自明刻本《帝鉴图说》）

古人认为，红色能通神升天，所以往往死后在墓中撒入红色的丹砂，这早已被考古发现证实。丹砂的“神物”特性不同于草木，用火烧能转变成水银，水银掺入丹砂，又能还原为丹砂。这种神秘转化、生生不息的特性，致使古人以为丹砂能制成“长生不老”的仙药。

以上诸说，各有其理。但最令人相信的还是《史记》的记载：巴寡妇清拥有丹砂矿以及炼丹术。郭祥云先生也认为，秦始皇厚礼巴寡妇清，彰其“贞节”一事乃为假象，以此掩盖他从巴寡妇清那儿获取大量的丹砂水银。他以水银为陵墓地宫的江河湖海，也很可能暗示着他到死都深信，丹砂水银对帮助他死后继续统治这个“万世”江山有着神奇的魔力。

对于炼丹的秘密，刘云生教授给了一个提示：中国炼丹活动起源于公元前 3 世纪。东汉魏伯阳所著《周易参同契》是现存世界上最早的炼丹术理论著作，书中提到当时的炼丹家有《火记》600 篇，可见当时火法炼丹已积累了大量经验。晋代炼丹家葛洪的《抱朴子》，对汉晋以来的炼丹术作了详细记载和总结。但真正的炼丹术却起源于秦始皇。其实，当时炼丹的目的有两个，一是求不死之药，二是求炼金之方。

徐福东渡的故事可以让人们窥见始皇是多么急于找到“永生”之路，从中也透出巴寡妇清和秦始皇陵地宫水银的关系。

《史记 · 秦始皇本纪》说：始皇二十九年（公元前 218 年），东巡琅琊（今山东诸城东南），齐人徐福上书秦始皇，声称海中有三神山，愿前往寻找不死之药。秦始皇下令派数千童男女随徐福乘船出航。历时数年没有结果。八年后，秦始皇再次东巡琅琊，徐福声称航行途中遭遇大鲛阻拦，须派善用连弩的射手同往。秦始皇又听信其言，再派徐福率童男女 3000 人，装载五谷种子、技艺百工下海。

徐福的拙劣表演却能奏效，足见秦始皇对于神仙方术的痴迷。为了实现永生的梦想，他完全有理由为巴寡妇清的丹砂经营提供一切必要条件和庇护，看起来似乎是对一个“贞妇”的恩宠，其实，是 2200 年前一桩交易——巴寡妇清向秦始皇提供优质的丹砂水银和炼丹技术，并主持运行一个庞大的宫廷炼丹机构，而秦始皇则向巴清提供最强大的权利支撑。为此，秦始皇精心策划了一个表彰“贞妇”的“怀清台”，将这个难登“大雅”的秘密掩盖了两千多年。

更多的专家学者认为，巴寡妇清经营丹砂水银，为秦陵提供了大量的水银丹砂。

明代散文家归有光说：巴寡妇清坐拥丹砂矿，做成天下第一的大生意。

中国社科院研究员郑起东说：秦始皇御准寡妇清专卖朱砂（丹砂），可称是古代最早的全国性垄断。此后，汉代的盐铁专营、唐代的榷酒、宋代的榷茶，皆从其发源。对于巴寡妇清的这位神秘古人，后人也有所猜测，宋代学者刘敞有《女贞花》一诗写道：“巴妇能专利丹穴，始皇称作女怀清；此花即是秦台种，赤玉烧枝擅美名。”此诗已经隐约揭示出巴清为始皇炼丹的秘密。宋仁宗时的中书令夏竦在《女怀清台铭》说："妇越闺户，预外事，是非贞也；图货殖，忘盥馈，是非孝也；采丹石，弃织纴，是非功也；抗君礼，乖妇仪，是非德也。"这是对巴清严厉的批评。又说 ："妇非所表而表之，表贪竞也；台非所筑而筑之，筑祸乱也。"这是对秦始皇表彰巴清的指责。由此也足见夏氏洞察了巴清为始皇炼丹的秘密！

从产地来说，巴蜀富有丹砂，这是可能的。秦汉史研究会副会长、北师大教授王子今给了"江南丹砂"一个清晰的概念：从今天了解的中国汞矿分布看，以重庆南部及黔东北、湘西，即乌江左近地区最为集中。川东南一带是春秋战国时汞矿的主要产地。北京大学考古学院秦陵研究专家、"汉唐陵墓制度研究"课题组组长赵化成教授在史籍中钩沉锱铢，绘出了秦始皇陵地宫的水银来源图。他说：东汉学者许慎在《说文解字》里这样解释丹砂——丹砂，巴（巴郡）与南越（今广东、广西一带）之红色矿石。由此看来，上古时代丹砂的主产地很少，主要集中在巴郡和南越两地。重庆川东南地质队总工邓富银也作了更详尽的说明：贵州丹砂矿占据全国重要地位，渝东南地区的丹砂矿属于贵州汞矿脉的延伸，具有开发价值。

从运输来说，巴郡又是距咸阳最近的一个丹砂产地。北大教授赵化成推测秦陵上百吨的水银来自川东南。他说，路途虽然较近，但也艰巨，跨过长江，溯嘉陵江北上，穿巴山，涉汉水，经千里栈道，最后到达关中平原，其困难及艰险可想而知。昂贵的水银、丹砂是以诱惑所有不法之徒铤而走险。这可能吗？有学者指出，完全可能，其理由：一是有武装保护，二是修筑驿道。

《史记》尽管没有认定秦陵地宫的水银来自巴郡或者巴清，但记载巴郡的寡妇清经营丹砂水银，而且秦始皇表彰她"贞妇"而筑"怀清台"，自然会引起人们的联想和猜测。

16

有人认为，史书所说的“旁行三百丈”是向地宫四周扩展三百丈；也有人认为，这是在地宫里再掏挖三百丈的洞室。若此，秦始皇陵地宫下部的面积就会大得令人十分震惊。于是又产生“隧道”说、“侧室”说。所记——

“旁行三百丈”为何说?

《汉旧仪》一书中有一段关于秦始皇陵地宫深度的介绍，公元前220年，主持营造骊山陵的丞相李斯向秦始皇汇报说，陵墓地宫挖掘“已深至极”，“凿之不入，烧之不燃，叩之空空，如下无状”， 凿时只听到空空的声音，好像已到了地底一样，再也挖不下去了。秦始皇听罢，下令他再“旁行三百丈乃止”。这个“旁行三百丈”究竟是何意?长久以来，考古学家百思不得其解。

“旁行三百丈”是什么意思呢?

有人认为，这是向地宫四周扩展三百丈。

也有人认为，这是在地宫里再掏挖三百丈的洞室。

上述说法若是可信的话，那么，秦始皇陵地宫下部的面积就会大得令人十分震惊。于是，又产生了以下两说：

一是“隧道”说。认为“旁行三百丈”，是地宫里的“隧道”。此说可以从考古发现获得实例。梁孝王李后墓就有类似的建筑结构，其

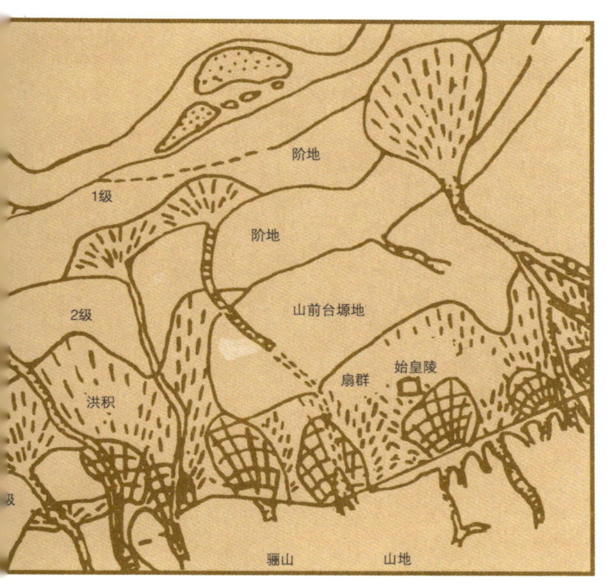

山山体像骊色的骏马而得名，北麓堆积很厚的砂及卵砾石。此为秦皇陵区地貌图（选自袁仲一著《秦始皇陵考古发现与研究》）。

后室南回廊中段南侧有一隧道，平面呈狭长条形，两壁垂直，有的壁面和顶部琢磨平整，有的凿制粗糙，顶和两壁均不规整，显然系未竣工程，用途不明。就其方位，确系“旁行”，现有长度折合西汉近22丈，原设计旁行百丈亦未可知。这是秦汉考古所有发掘资料中与秦陵地宫“旁行三百丈”最相似、最接近的实例。

一是“侧室”说。认为“旁行三百丈”，是这地宫的“侧室”。此说从文字学寻得根据。何谓“旁”？《释名·释宫》有解：“旁，房也，宫之两旁也。”在梁孝王李后陵墓中，有许多朱书或在塞石上镌刻的“旁”字。这些“旁”即指甬道两侧的室，象征宫殿建筑中的“房”。这表明“其旁行三百丈乃止”的旁可能为名词。这样，可以断读为：“其旁，行三百丈乃止。”意为地宫内的侧室（旁）数量众多，累计长度须达到三百丈。

以上“隧道”和“侧室”之说，都受到相关学者的质疑，认为在地宫里再营建如此大的工程，一则不可能，二则无需要。

然而，质疑者又遭反驳：不是不可能，在当时条件下，再复杂的工程都能完成，因为秦始皇可以调用全国最先进的技术力量和最好的建筑材料，再说，秦始皇所言就是一种需要，一言九鼎。李银德先生在《始皇陵地宫原始文献的考古学解读》中认为“旁行三百丈”“这是一个非常复杂的问题”。说“旁行绝非地宫的主椁室，是隧道还是侧室，其功

明无名氏绘《阿房宫》

能又是什么？如果是隧道则因其处于砾石砂层区，需要凿挖后重新砌建。则曰'三百丈乃止'，秦'三百丈'合今693米，工程是否全部按计划完成等都是有待探究的问题。"

学者的进一步研究，又提出了新说。

一说"地宫巡游通道遇阻改了方向"。

一说"地宫初挖点向北移了700米 "。

科技人员运用遥感和物探的方法分别进行了探测，证实地宫就在封土堆下，距离地平面35米深，东西长170米，南北宽145米，主体和墓室均呈矩形状。

王学理先生说："封土堆南部紧挨山，由于山间冲积扇的原因，山地层中分布着厚层的砾石，修陵从地宫向南挖巡游通道时，遇到大砾石，最后不得不顺着砾石层向挖掘，即所谓的'旁行三百丈'

对此，陕西省考古研究所王学理研究员认为："兵马俑坑、铜车马坑、珍禽坑、城垣……从目前的考古挖掘情况看，秦始皇生前享受荣华富贵，死后把这些也带到了阴间享用，上具天文、下具地理的地宫建得犹如秦咸阳宫殿。"他说，秦始皇生前多次出游，向南到了洞庭湖、浙江的会稽山，向东走到了山海关、渤海湾，西北方向则到了宁夏，这在史料中都有记载。

"秦陵地宫在《汉书 · 贾山传》中有所描述：被以珠玉，饰以翡翠，中成观游，上成山林。'中成观游'即巡游天下的意思，可在地宫里如

一丝不苟：秦陵考古队长段清波在考古现场。

何实现巡游？只有修挖四通八达的通道。”

王学理先生说，“封土堆南部紧挨骊山，由于山间冲积扇的原因，山下的地层中分布着厚层的砾石，修陵人从地宫向南挖巡游通道时，遇到了大砾石，最后不得不顺着砾石层改向挖掘，即所谓的‘旁行三百丈’。”

此说言之有理。

中国地质调查局研究员刘士毅带领的物探课题组在秦陵区进行探测时，发现在封土堆南约700米处出现了重力异常的现象，按地质理论说明该异常区与周围土质存有差异。

依据这一探测结果，秦陵考古专家推断，秦陵的封土堆南部紧挨骊山，由于地处山间冲积扇，山下分布着大量的砾石，修陵人员从地宫向南挖巡游通道时，遇到了砾石层的阻隔，这同李斯向秦始皇报告的情况是相符合的，所以工程不得不改向挖掘，此即所谓的“旁行三百丈”。

真是如此吗？虽然以上种种分析和推断都是以一定文献资料和科学探测为依据的，但推测毕竟不是结论。结论是要有科学根据的。考古工作者不会放弃任何一个有助于使推测成为事实的蛛丝马迹。在民间，传说秦始皇陵的地宫是在骊山主峰之下，骊山和秦陵之间还有一条地下通道，这与《史记》中的“穿治骊山”不谋而合。传闻每到阴天下雨的时候，通道中就会有“阴兵”来往穿行。虽然这只是一个民间传说，考古工作者也不敢丝毫怠慢，在相关地域进行了一系列考古勘探，遗憾的是迄今尚一无所获。尽管如此，“旁行三百丈”的谜仍在不懈破解着。

17

秦陵的营建是一项经周密规划的工程，它具有一个完整而科学的防水和排水系统。古代工匠采取疏和堵的方法，巧妙地解决了地下水问题并隐秘其灵魂之行踪。也许，这正是——

"下铜而致椁"及"游馆"之解

对于地宫的营造，司马迁在《史记》中说："穿三泉，下铜而致椁。"

如何解释"下铜而致椁"？由于《史记》的记载语焉不详，后人对"穿三泉，下铜而致椁"有着不同的看法。

一曰：下铜锢三泉。如《汉书·贾山传》曰："下锢三泉"；《汉旧仪》中说："錮泉水绝之"。这里都认为下铜是为了"锢三泉"。孙嘉春先生则认为，《史记》谓"穿三泉，下铜而致椁"并无"锢"泉之意，两汉以来的史籍，如《汉书·贾山传》、《汉旧仪》等的记载曲解了《史记》记载的本义。他在《秦始皇陵之谜地学考辨》一文中说，据此直解司马迁的记载，用铜铸塞三泉，再放下棺椁，是不可能实现的事。在他看来，"下铜而致椁"是"在陵坑里放下铜、锡、锌等原料，直接浇铸青铜质的棺椁"。

二曰：以铜塞石缝。《汉书·贾山传》在说秦始皇陵"下彻三泉"之后，进一步具体指出"合采金石，冶铜锢其内，漆涂其外"。其意是说，"下铜"指的是"下铜"以"铸塞"，即以铜浇灌石缝，达到堵塞

青铜镞

地下水的目的。《汉旧仪》载："锢水泉绝之，塞以文石，致以丹漆。"是说以文石填塞，涂漆防水。这些是汉代人对秦始皇陵地宫防水方法的认识，实际上也可以看作是他们对《史记》所记"穿三泉，下铜而致椁"的理解。

三曰：以铜为椁。北魏郦道元的《水经注 · 渭水》所言"斩山凿石，下锢三泉，以铜为椁"，又改变汉代人所认为的以铜液浇灌、用漆涂抹的方法来堵塞地宫内地下水的认识。不仅如此，它还第一个明确提出了秦始皇陵"以铜为椁"的观点。

四曰：以铜浇部件。马振智先生讲得很具体，他在《试论秦国陵寝制度的形成发展及其特点》一文中指出，"下铜"是指用铜液浇铸挖空的木节处，是为了起到防腐的作用。张占民先生赞同此说。袁仲一先生在《秦始皇陵兵马俑研究》一书中说得更具体，他说，"下铜"是指棺椁以铜饰件加固。或者像凤翔一号大墓的椁木一样，在椁木有疤痕的残缺孔内浇灌锡液塞堵。

以上诸说都着眼于防水和加固。秦陵的营建是一项经周密规划的工程，它具有一个完整而科学的防水和排水系统。地下防水和排水工程主要是为了解决秦陵地宫在修建过程中及其以后的防、排水问题。古代工匠在处理这一问题时，采取疏和堵的方法，巧妙地解决了地下水问题。

地宫东、南、西三面开挖了排水渠，切断了地下水的浸入。这样，秦陵地宫的防水问题是否就彻底解决了呢？答案是否定的，因为还有地宫内的防水问题需要解决。那么，地宫内部如何防水呢？"下铜而致椁"的记载实际上向人们提示了地宫内防水的有效措施。朱思红、王志友认为，"下铜"与"致椁"完全是两回事。一个"而"字，清楚地表明"下铜"与"致椁"的前后关系。所以，他们认为，"下铜而致椁"，是指下铜以铸塞，然后"致椁"，显然"下铜"是作为一种"铸塞"的方式，它与椁没有必然的联系，若以此认为秦始皇用的是"铜椁"，那是不正确的，此说并不否认秦始皇具备使用铜椁的条件。

至于说以铜液浇椁木的木节，甚为不妥，因为根据冶金学资料，铜的熔点为摄氏 1083 度，青铜合金熔点也在摄氏 800 ~ 900 度，而木材在摄氏 260 ~ 333 度即可分解达到高峰，故此法不但起不到防腐的作用，反而会引燃椁木。

王学理先生认为"下铜而致椁"是放在"穿三泉"之后叙述的，由此可知这是施工程序中两个先后相接的步骤。这里的"下"字应是作"投入、投放"来解释，而"致"字，应作"达到"来讲。是施工过程中两个先后相接的步骤，并以此认为秦始皇用的是"铜椁"，郦道元说"以铜为椁"是有根据的。

笔者以为，王学理先生的解释可能更加符合实际，也为不少学者所认同，由此有的学者认为秦始皇的椁是由铜铸造的，棺则为金铸的。此说也不是没有道理。

青铜古矛

曾侯乙墓出土的外棺

可是，有的学者认为要以大量的铜来堵地下泉水，又要以大量的铜来做椁做棺，不太可能，因为当时没有那么多的铜材。其实不然。笔者认为，当统一六国后，秦始皇下令收缴天下兵器铸金人十二，各重千石。秦代一石约折合今 37.5 公斤，由此推算，仅金人十二计有 45 万公斤。当时收缴的铜远不止 45 万公斤。齐国有军队二百万以上（《战国策 · 齐策》），以人均持有铜器之械，一人一公斤计算，投降后就可收缴 200 万公斤的铜。再说，秦统一六国后，承继了六国先进的冶铜技术，为营建地宫而大力发展冶铜也是一种需要。由此看来，秦始皇使用铜棺、铜椁，并使用大量的铜液浇堵泉水，完全是有可能的。

厚葬与手工技术的发展往往是同步的。在殷周时期的椁多为木制，到了春秋战国时期，随着生产力的发展、青铜冶炼工艺技术也有较大的进步，棺椁之制作则趋华丽奢靡。据载，铜椁时增，吴王阖闾“铜椁三重”，齐太公田和也用“铜椁”。据《考古》杂志（1964 年第 12 期）的报道，云南祥云县大波那竖穴墓的木椁铜棺长达 2 米，具有一定的地方特色。从曾侯乙墓的椁室来看，其室是用 380 立方米的木材垒成，其主棺为两层的套棺制，并制作得十分考究。“外棺”的四周和上、下两面用 22 根重达 3200 公斤的铜材构成框架，再嵌以木板，拼成完

曾侯乙墓出土的内棺

整的棺身、底和盖。如果按曾侯乙墓的规模推测，秦始皇陵地宫中的椁也应是采取了同曾侯乙墓中外棺相似的做法，不同的是，椁和棺的规模更大、装饰更为华丽罢了。历史兼地理学家郦道元把这种做法称作“以铜为椁”，似能说得过去。

历代不少帝王以金属为椁，力行薄葬为最的要数汉文帝。他见骊山风景好，也曾想在此营建一个露天高台，也就是露天戏台，大概想供游乐之用。他还是比较节俭的帝王，一听要费百金就作罢了，他说：“百金是中等农民十户的财产，我现在住在先人留下的宫室，已经感到很惭愧了，还造这露台干什么？”汉文帝平日只穿粗厚的黑绸衣服，生活上不很讲究。他宠爱的慎夫人，连条拖地长裙都不穿，甚至还不让她在帏帐上绣花，真可谓节俭。

汉文帝对陵墓的要求是：“不治坟，欲为省，毋烦民。”主张在山上挖个洞就行了，不要以金银铜锡来装饰，地宫里也不藏什么珍宝，只须用砖瓦。他唯恐朝臣不听，又专门下道诏书说：“天下万物，有生就有死，这是自然之常理，没有什么可悲哀的，世上现在都盛行‘嘉生而恶死，厚葬以破业，重服以伤生’，吾甚不取。”文帝特别指明，把他埋在霸陵山上就行了，山川原本是什么样的还是什么样，不要去动它，也不要另起什么名称，那里原本叫霸陵，以后还是叫霸陵。这是两千年前的好皇帝，他确实是反对厚葬，当然与他的“无为而治”的路线有关，同时跟他的信仰也有关系。

有一次，汉文帝带着慎夫人和群臣路过霸陵，因为这里是将来埋葬他的地方，便上山去看一看。临离山陵之时，文帝嘱咐道：用山上的石头做椁（套在棺材外面），再用苎麻剁成碎絮，拌上生漆做胶，把石头一块一块粘合起来，那就再结实不过了，谁也不可能打开它。这里汉文帝说出了自己的心里话，把墓筑牢固的目的就是为了防盗墓。

陶俑千姿态，地宫百艺工。此为迷宫似的秦陵地宫模拟图（周全人绘制）。

在场的张释之同其他大臣说了不同看法，他说：若是椁里藏着别人想要的宝物，即使把整个南山用铁封铸起来，别人照样能够找到缝隙打开来，将珍宝取走；要是其中没有什么宝物，就是不加石椁，也别担心有人会去掘墓。汉文帝听了张释之的话很受启发，对他赞赏有加，还给他升了官。

乾陵地宫还未发掘。地宫在梁山主峰之下，居内城中央，坐北朝南。墓道下斜，隧道长 63 米、宽 4 米左右，全部条石铺装，条石每块重一二吨之间，叠砌 39 层，表层约 410 块，石缝用铁栓锲合，或以铁液浇铸，浑然一体，坚固异常。睿宗李旦葬于桥陵。墓道长 70 米、宽 3.78 米，下层用青石条垫底，据估计共 3900 块，隙缝铁锲铅封，与乾陵相仿，现存石刻 50 余件，高大超乾陵。由此，也给人提供了一个联想的空间，秦始皇地宫的石墙、棺椁莫不是以铜液灌隙加固。

另外，又有“游馆”一说。这是怎么一回事？

20 世纪 70 年代中期，在美国出版的《国家地理》杂志上，插图作者杨先民先生在插图中曾根据科学家的推测，把秦陵地宫中装载棺

阿房宫夯土墙遗址

椁的龙舟放置在以水银聚成的河流中间。

此幅插图对吗？有的认为，此幅插图不错。因为水银河穿绕于模拟宫殿的椁室及山岳之间是有根据的，这从测得的汞异常区正当秦陵冢中心部位即可印证。

另一种意见，此幅插图有误。其重要的一点便是把史书上记载的“游馆”当成了“游移之棺”，而这个失误所依据的历史记载就是《汉书》上的“石椁为游馆”的说法。

《史记》和《水经注》都称作“下铜致椁”或“以铜为椁”，而《汉书》却偏称“石椁为游馆”，这又是什么含义？如果班固的《汉书》有些道理，只能这样认为，前者说的是主椁，后者说的是椁室。从已出土的曾侯乙墓看，椁室高3米多，其内部隔成北、中、东、西，各作长方形的四室。东室是放置墓主人之棺的主椁，即“正藏椁”，其他各室均属“外藏椁”，中椁放礼乐器，西椁殉人，北椁置车马器和兵器。以此推测下来，秦始皇陵地宫的“正藏椁”很可能就是所谓“以铜为椁”，而“外藏椁”的各室彼此相连又同各侧室相通，如果这个格局能够成立，便构成了回环往来的趋势，从而也就自然地构成了优游之馆。也正因为椁室用石砌筑周壁，同挖墓室时“塞以文石”的做法一致，所以，这种椁室就被班固在《汉书》中演绎成“石椁为游馆”。

对于“石椁为游馆”，颜师古注曰：“多累石作椁于圹中，以为离宫别馆也。”王学理认为，地宫里，在平面布局上是分区的，在立体上环周壁却是分级的。主体建筑为作穹庐顶，居于突显地位。其他如百司衙署、离宫别馆，则是许多大小不同、规格各异，自成单元。

这种推断，应该说是言之有理：

首先，符合秦始皇的思想和性格实际。据有的心理学家分析认为，秦始皇患有一种偏好孤守自我、不宜合群的抑郁症。不善于为他人着想，进而崇尚“孤独”，往往通过阅读、沉思来体验孤独的愉悦，所以，秦始皇表现出一种特别爱读书的发奋劲。何兆武先生发表于《万象》2005年第一期《说“刘项原来不读书”》文章中，提到了傅斯年先生在1945年作为当时的国民参政会“延安访问团”成员访问延安时，毛泽东书赠唐五代诗人章碣诗《焚书坑》：“竹帛烟消帝业虚，关河空锁祖龙居。坑灰未烬山东乱，刘项原来不读书。”毛与傅早年相知相识，尽管有傅斯年以及作者的解释，但旁观者更清楚，就是批评刘项不读书，赞秦始皇是位读书人。秦始皇的读书，一则寻找统治术，二则寄托“孤独”。而在起居上为了隐秘自己的行踪，而采取怪异的方式。

其次，符合当时营筑地宫的设计方案。在咸阳周围二百七十座宫殿之间全部用甬道连接起来，秦始皇以为这样即可将自己的行为隐秘起来，以防止被人暗害。在营建地宫时，宫中有宫，生如此，死也如此。在隧道式的侧室作为一个个宫室，也是常有的事。所载“游观”之说，即为“游馆”，这也是隧道式的侧室，象征的正是“域外”的景物，是秦始皇魂游更远更秘之阴界！

18

高大富丽的宫殿，是始皇帝生前治理国家和享乐的地方，陵墓则是他的“灵魂”最后的归宿之所。秦始皇把生前享有的荣华带到了地下：在地宫里，既有离宫别馆的宫中之宫，更有类似现代蜡像雕塑的文武百官的侍奉。这就是——

“宫观百官”的现代描绘

《史记·秦始皇本纪》说：“穿三泉，下铜而致椁，宫观百官奇器珍怪，徙臧满之。”其中的“宫观百官”又作何解？

笔者认为，这是模拟朝廷文武官员以及离宫别馆的雕塑、模型。此说受启于苏秉琦教授。1995年底，就《中国通史》第二卷的出版事宜，笔者访问了苏教授，他是第二卷的主编，曾是中科院考古研究所研究员，后曾任中国考古学会副理事长、理事长。他有三句话最让笔者铭刻在心，一句是：“超百万年的文化根系，上万年的文明起步，五千年的古国，两千年的中华一统实体，这就是我国历史的基本国情。”一句是：“春秋时期，南边有个楚文化，北边有个晋文化。”还有一句是：“在秦始皇地宫里，宫中有宫，也许还有类似现代蜡像雕塑的文武百官在侍奉着始皇帝。”前两句是肯定句，后一句用“也许”，这就是历史学家的严谨态度。

秦人的习俗是在长期与外界交往过程中，与各民族互相联系、互

者采访苏秉琦先生后合影。苏秉琦先生说："在秦皇地宫里，宫中有宫，也许还有类似现代蜡像雕的文武百官在侍奉着始皇帝。"

相影响中形成的，具有与其他地区较显著的不同特色。秦人的葬俗与中原六国有着明显的区别，秦人墓葬多为东西向，有别于六国流行的南北向。苏秉琦教授认为，这种特殊的葬式与西亚、欧洲、西伯利亚及中东地中海沿岸一带的风俗相似；秦人的服饰中也有外来成分，主要受戎、狄影响较大。

以秦俑为例，秦俑服饰中胡服所占比例较大，还有蔚然成风的佩剑习俗，也是来自胡俗。佩剑起于埃及、波斯和希腊，通过西北游牧民族而传入秦国。《史记 · 秦本纪》记载"简公六年（公元前 409 年）令吏初带剑"。据《史记 · 秦始皇本纪》引《秦纪》资料，秦国百姓佩剑则是在公元前 408 年。

宫观，是指模拟秦始皇生前主要活动的宫殿台观，如阿房宫、咸阳宫等。这里有两种可能，一种可能是把宫殿台观画在地宫的壁上，另一种可能是用陶土或其他质料塑造的宫殿。这就是苏秉琦教授所说的"宫中有宫"的意思。秦始皇生前营建规模恢弘的 300 余里的阿房宫建筑群，是秦国宫殿建设的继续与发展，它包括雍都的宫殿建筑群和咸阳的宫殿建筑群。阿房宫的营建，是在咸阳宫殿群的基础上进行的。所谓"咸阳之旁二百里内，宫观二百七十，复道甬道相连，帷帐钟鼓美人充之"，"离宫别馆，弥山跨谷，辇道相属"，表明宫殿建筑群中除了象征国家最高权力、进行国家政务活动的阿房前殿之外，其余的"宫观"、"离宫别馆"与联结这些宫观、离宫别馆的复道、甬道、阁道等辇道，主要都是为了供秦始皇帝一人的享乐所专用。宫观中的奇妙器物不胜枚举，金玉珍宝更是不可胜数。秦始皇在世时，显然会

秦俑彩色复原图（选自雷玉平主编《秦始皇兵马俑博物馆》）

将这些宫殿建筑群缩为小模型塑造，设置在地宫内。

百官，是指在地宫中有三公九卿及文武官员的形象，至于是用什么质料制作的，现在尚不得而知。从兵马俑可以想象得出，文武百官当是用陶土烧制的，用以象征如生前那样侍奉着始皇帝。对于地宫里的“百官”究竟指的是官吏的偶像，还是他们的园寺吏舍？笔者认为苏教授所说“类似现代蜡像雕塑的文武百官”，更有可能接近历史真实。

不过，对此也有不同见解。

有一种说法，不可能在地宫里再有文武百官陶俑或是石俑。其理由是，一则地宫里没有那么大的空间；二则在地宫外已发现有大量的制作成文武百官形象的秦俑陪葬了。

另一种意见，认为地宫空间再挤也会设置文武百官的。其理由是，秦始皇对于六国的宫室都得“写放”即描绘下来，事死如生，对于大臣更会将其形象“写放”下来。在地宫里设置文武百官的雕塑形象，其意图有三：

其一，纪念百官的功勋。秦始皇尽管专横残暴、

跽坐俑坑的发现，说明地上的苑囿被模拟于地下。此为马厩坑出土的跽坐俑。

“天性刚戾自用”，但他在事业上所取得的成功，很大程度上得力于手下的一大批布衣将相，在统一六国过程中，他是多么思贤若渴、善于纳谏和重用客卿！如以姚贾为上卿、与尉缭同衣同食、尊宠王蒙二氏武将，等等。始皇帝对文武百官还是有感情的，当得知韩非死于狱中，痛失贤才，心中甚为悲哀，也对李斯、姚贾的陷害异己深为不满。然而，秦王政不想为一位已经死去的人再去惩罚活着的李斯、姚贾，在一统天下的大业中，还需要发挥这些人的作用。秦王政把对李、姚的不满深藏在心中，对韩非充满着无限的哀痛和思念。

其二，显示始皇帝的尊严。秦始皇是很讲究排场的人，每次出巡时，都要豪华的仪仗及庞大的车队。据《后汉书 · 舆服志》记载，秦始皇出巡时，“大驾属车八十一乘，法驾半之”。前面的随从属车蒙以虎皮，最后两辆车悬以豹尾。真是一派雄伟惊人的场面，这完全是一种耀武扬威之举。他死后让“百官”伴随，也是一种尊严。在地宫里设有百官，显然也是一种炫耀。

其三，凸现地宫恢弘场面。作为贪婪的秦始皇，不惜一切代价营建他的地下宫殿，以明“事死如事生”。据《史记》记载，他的墓内

上有日月星辰，下有秦国的山川河流、地理地貌，还有百官位次。秦陵地面上的建造与秦始皇当时的咸阳宫相比，更是无一或缺。秦始皇生前住的咸阳宫和咸阳城是有军队守卫的，从陵园的布局可以看出，秦始皇陵相当于当时的咸阳宫，而兵马俑坑位于秦始皇陵外城东门大道的北侧，象征着驻扎在京城外的军队。8000多件兵马俑就是保卫地下宫殿的部队，也是“千古一帝”无上权威的象征，也这就表明，始皇帝永远统治这个世界。甚至可以设想，“百官位次”当为：

相国吕不韦放首位。时任相国的吕不韦为始皇帝的仲父，主宰朝政，当是秦始皇陵园基址的选定者及最早开工的主持者。

政治家李斯次之。《谏逐客书》，让秦王政回心转意，由此委任李斯为丞相，自后广招人才，一统天下后，李斯主持营建秦陵工程。

郎中令赵高。他“通于狱法”，常侍帝王身边，又为胡亥之师，决断大小事宜。

末世豪杰章邯。他灭韩有功，后为少府，主持营建秦陵的最后工程。

……

兵马俑都是一个个塑出来的，而不是用模子印出来的，雕塑的人很多。秦兵马俑博物馆原馆长袁仲一先生对此作了初步统计，在发掘和修复过程中，发现制作者的名字有87个，这些人都是老师傅了，下面还有一些徒弟，据袁先生的推算，倘若一个老师傅带着10个徒弟，那就是870人。如此上千人参加了这项工作，在中外雕塑艺术史上是个奇迹。

笔者认为，秦俑坑遗址，虽说是陪葬地，其实更是雕塑实验场、制作场，一面雕塑，一面传授技艺，同时从中挑选更加精致更加逼真的文武百官陶俑置于地宫。袁先生曾长期主持秦俑坑遗址的发掘、研究工作，他介绍说：这里挖出来的文物有8000多件，估计由于制作的人很多，一个人一种风格，宫廷工匠制作的作品从形象来说都是大力士，非常英武，来自民间的工匠制作的风格比较清新活泼，高矮胖瘦都有，这同他们的生活环境有关系。从整体看，宫廷工匠的技艺水平高一些，比较熟练一些。民间工匠水平有高有低，这主要体现在身体的比例上，比如胳膊的长短不一，手的大小不一样。另外从面部表情上也可以看出水平的高低。形象尽管各异，但务求逼真。所以，袁仲一先生对兵马俑的奇迹概括出“大、多、真”三个字。

其“真”当是文武百官形象的写真雕塑，这是“千人千面”的原因所在。在地宫周围以及通道里排列有序、栩栩如生、个体高大的百官群雕，或坚毅严峻，或灵活机警，不论文武官员，每个都显其一副保卫和侍奉始皇帝的姿态形象。

把文武百官塑置于地宫，这是完全可能的。秦始皇统一中国后，采纳了李斯的建议，在中央设三公九卿，即皇帝之下设丞相、御史大夫、太尉三公，分别协助皇帝管理行政、司法监察、军事。三公之下又设九卿。九卿是中央管理各部门事务的官署，有奉常、郎中令、卫

栩栩如生，精妙绝伦。此为秦俑群图。

尉、太仆、廷尉、典客、宗正、治粟内史、少府、詹事、典属国等。在秦始皇即帝位后曾五次大规模巡游天下，三公九卿大都随从。秦始皇设置的三公九卿之职，是一套专制主义的中央集权官僚体制。其任职标准除“贤能”之外，还有重要的一条那就是绝对效忠服从，“君

"征战归来皇帝赏，陪王伴驾入冥宫"。此为百官立于地宫模拟图（劳夫绘制）。

要臣死，臣不能不死"。当秦始皇躺倒了，三公九卿百官们就得在灵柩前守灵，当秦始皇遗体进入地宫，百官们以自己的雕塑形象，即苏教授所言"类似蜡像"式的塑像进入地宫，以示永远侍奉始皇帝。

官员之外，肯定还有马匹和车辆。马、车是当时交通和作战的主要工具。在秦俑一号坑约有陶兵马俑 6000 余尊，战车 50 余乘，车马 200 余匹。陶马口中的牙齿塑成四颗或六颗牙，说明这些陶马正是青壮年时期的骏马。这是真实的艺术，艺术的真实。由此也可想见，地宫里必有适量的车辆和马匹。

过去认为中国的雕塑艺术是在南北朝以后随着佛教的广泛传播才真正发展起来的。兵马俑发现以后，可以看出中国的雕塑艺术远在秦代就已经达到了很高的成就。古代民间雕塑有六法：堆、塑、捏、贴、画、刻，兵马俑上都有。另外从雕塑风格上讲，秦的雕塑艺术与西方有所不同，西方是高度的写实，秦俑不是这样，它写实，但带着一定的写意。把兵马俑和古希腊、古罗马的雕塑放在一起，有不少相同之处。正是苏秉琦教授所言，东方的葬式与西方的葬式，包括雕塑风格虽有不同，但有诸多相似，也说明秦人的习俗和艺术是在长期与外界交往下形成的。

19

史书所说的“上具天文”，即地宫顶部呈拱形，一则有利于建筑的牢固，二则模拟苍穹，属画属雕，尚不明了；“下具地理”即谓地宫以水银为江河、大海，象征着秦皇统治区域的广袤辽阔。对于此说，有的持有不同见解。地宫内的——

“上具天文，下具地理”究属何景象？

《史记·秦始皇本纪》说秦陵地宫“上具天文，下具地理”。

此话让众多专家学者进行推测，大都说地宫墓室上面以明珠为日月星辰，下面以水银为江河湖海。

曾侯乙墓出土的漆箱绘有二十八宿图，并记有星名。

不仅今人，古代的文人墨客早就展开想象的翅膀，并以文字作了描述。如《三秦记》说：“始皇冢中，以夜光珠为日月，殿悬日月珠，昼夜光明。”《三辅故事》云：“以明月为珠。”

秦陵地宫中的“上具天文，下具地理”，真是如古人揣测的那样吗？后人在古人揣测的基础上又进行了各式各样的推测。尽管有臆想的成分，但也不无一定的道理。

中国是个“以农立邦”之国，“靠天吃饭”的因素极大，由此观察

鼐先生说："在古代墓壁中配置天文图像，似起源于秦代，记·秦始皇本纪》说秦始皇墓中上具天文，下具地理。当在墓室顶部绘画或线刻日月星辰像图，可能仍保存在今日潼始皇陵中。"

天象、把握季节的天文学特别发达。战国之时就有人以恒星为背景，对天空星象进行研究。古代选取二十八个星座作为标志称"二十八宿"，把天象和人事结合起来，认为天上的列星对于地上人的祸福有着极大的关系。所以，历代帝王的陵墓中都有天象的示意，此叫"星象"。秦陵地宫的墓顶以明珠为日月星辰，象征着秦国统治区内广阔的苍穹。

中国古代科学家很早就注意研究日月星辰的运行。给人以最大的启示和联想的是，20 世纪 60 年代初相继发现的洛阳西汉壁画墓中的星象图、西安交大西汉壁画墓二十八星宿图和湖北随州战国初年曾侯乙墓中的漆箱拱形盖上的星象图。

洛阳与西安交大的西汉墓，主室的顶部和四壁均绘满了色彩斑斓的壁画。其内容明显地分为上、下两个部分，上部代表天空，下部代表山川。代表天空的除日、月、流云和飞翔在天空之中的形态不同的仙鹤外，最令人惊叹的便是以青、白、黑三色勾绘的两个较大的同心圆圈，在这两个圆圈之间绘有星辰八十余颗。经考古学家和天文学家分析研究认为，这就是中国古代天文中的二十八星宿图。这种壁画中星象图的出现必有其承前启后的过程，由此推断，秦陵地宫也有这种星象图。早在 1965 年，著名考古学家夏鼐先生就作出了这样的结论："在古代墓壁中配置天文图像，似起源于秦代，《史记 · 秦始皇本纪》说秦始皇墓中上具天文，下具地理。当时在墓室顶部绘画或线刻日月星辰象图，可能仍保存在今日临潼始皇陵中。"

考古学家刘云辉先生在充分肯定夏鼐这一论断的同时，也提出了

青铜天鹅、仙鹤与鸿雁惊现于世，又让人产生对地宫的阵阵幽

司马迁的《史记》对秦始皇陵地宫的记载完全值得相信的观点。他说，司马迁在《史记》中所记载的一切，被后来大量的出土实物和资料所证实。在甲骨文未被发现时，有人曾怀疑《史记》中有关商王世系的可靠性。而随着殷墟甲骨的发现，《史记》所记与甲骨上商王世系的记载完全相同。这并非偶然巧合的记载，从而使后人对《史记》更加深信不疑。

考古学家在湖北随州曾侯乙墓发现战国星象图以及西安交大汉墓发现类似于“天文”、“地理”的壁画后，认为秦陵地宫的“上具天文，下具地理”也属于此类绘画，即上部绘有象征天空的日、月、星象，下部则绘有山川的壁画。《水经注 · 渭水》中也有“上画天文星宿之象”之说。众多专家学者认为，《水经注 · 渭水》的解释是可信的，因为从众多的考古资料来看，在汉、唐时期的大型墓葬中，不乏用绘画形式来表现太阳、月亮以及星宿等形象的，这与夏鼐先生的推断相似。

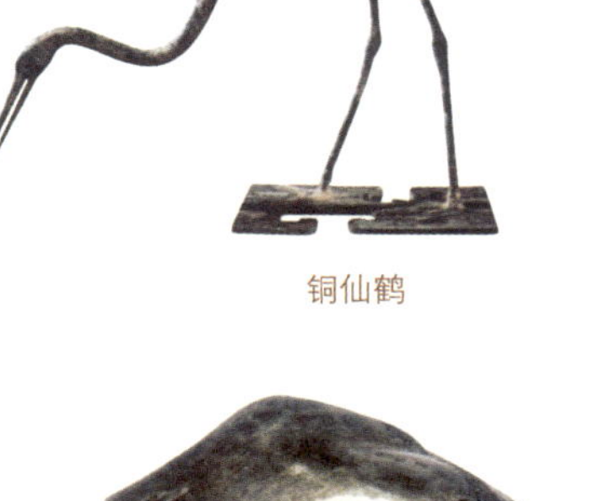
铜仙鹤

如此绘画的含义何用？有不同说法：

一是时辰说。认为冥间也有白天黑夜，要有日月星辰，以明昼夜。

一是装饰说。认为地宫壁上有画更显富丽堂皇和

银蟾蜍

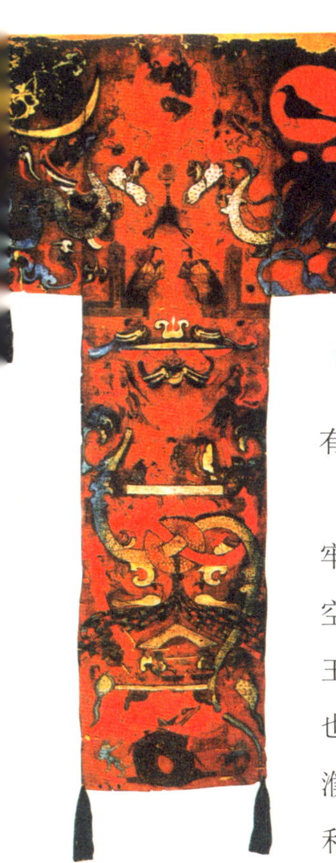

马王堆汉墓出土的帛画，最上层画有太阳、月亮，太阳中有金乌，月中有蟾蜍。

奢华极至。

一是苍穹说。认为绘上日月星辰，象征着天地广阔，不会有狭窄之感。

以上诸说都言之有理，但对于秦始皇来说，还富有其特殊含义！

“上具天文”，即地宫顶部呈拱形，一则有利于建筑的牢固，二则模拟苍穹。此说符合古人“天圆地方”的特殊空间感觉。张光直先生就曾经从象征“天圆地方”的古代玉琮中，猜测中间的圆孔可能是“通天地”的渠道。此说也启示人们对古人观念中的空间感进行揣测，考古发现的濮阳蚌堆龙虎、曾侯乙墓漆箱盖上的二十八星宿图、北斗和龙虎图案，诸多墓室顶部接二连三地出现的天文图像，加上古代仿效“天圆地方”用来占验的“式盘”、指示方向的司南，以及如《禹贡》、《周礼》等经典文本中想象的五服、九服、九州等方形的大地，更暗示了古代中国关于“天圆地方”这种观念的普遍存在。而这种观念，又建构了古代中国自居天地中央的观念，中国在天地之中央，四周一层一层地环绕着异邦。

古代中国“天圆地方”的空间观念，其实绝不仅在于描述自然的天地，古代人们会把这种空间观念推衍到各个领域，不仅皇宫的格局常常模拟天象，而且坟墓地宫的格局也仿效天象；风水观念中的方位、形势、阴阳等等以及其中的幸福和永久意味，深刻地影响着一切空间关系。这也就意味着，在这座有着象征天、地的地下“王国”里，秦始皇的灵魂照样能仰望苍穹，雄视天下，纵横捭阖于天地间，真不愧是千古一帝！

秦始皇地宫高大宏阔又位置显赫，其顶部只有建成穹庐形，覆盖

"金戈铁马天下闻，地宫珍宝有奇神"。此为秦陵地宫"上具天文"模拟图（周全人绘制）。

在"下具地理"的椁室之上，才具"富有天下"的帝王气魄。那么，如何构建苍穹？

显然，秦代的建筑技术还不能提供无柱的大跨度屋架。从已经发掘的秦代大型建筑遗址可知，这些建筑的大跨度屋架，都是由壁柱、都柱及其栌（斗）、栾（拱）承托（大梁）所组成的木构架系统。秦兵马俑坑大型地下建筑的结构，也为设想地宫的"苍穹"提供了实例：俑坑下部由一道道东西向的承重墙，把大坑隔成一条条室档，底下铺条砖，形成放置兵马俑的"洞室"，在"洞室"两侧，有壁柱嵌入承重墙内。柱间下垫栿、上架梁，成为纵向的支承骨干，再在梁上横铺密桁。众多的木物件接合部通过榫头卯眼而构成整体结合、稳定性良好的木构架网络系统。这种既有多跨的宽容度、又有延续的进深性做法，对于了解地宫的建筑无疑是一种富有科学性的启示。

在这些启示下得出推论的秦始皇地宫究竟是什么样子？据考古学家王学理先生推断：秦始皇陵墓室底部的平面形状，同墓室上口一样，近于长方形。底面积 19200 平方米，相当于 48 个国际标准篮球场。如果"上具天文"指的是在平板的木椁顶或石顶上画些日、月、星辰之类，哪还有什么"天文之象"的意味？其实当时人的天宇观早已形成，天是苍穹，呈拱形，像个倒扣的蛋壳，地是方的，有如棋盘，天际之处，连接四海。"三光隐映，以为昼夜"，正是此处的形象。秦始皇陵地宫，在平面布局上是分区的，在立体上环周壁却是分级的。主体建筑作穹庐顶，居于突出地位，其他如百司衙署、离宫别馆，则是许多大小不同、规格各异、自成单元。而这些群体建筑，通过一套柱、梁、枋、檩、栿等木构件和墙、阶、角、隅组成一个桁梧复叠、窿顶穹空的巨型砖石和土木混合结构以承托陵冢的荷载。如再加上墓圹周壁上数重台阶的楼、阁、亭、榭，就显得上下错落，变化有致。地宫上部，以宫墙（方城）环绕，阙、楼连属，俯瞰宇内，气象博大，蔚为壮观——这就是秦始皇陵墓地宫的辉煌构想。

“下具地理”即谓地宫以水银为江河、大海，象征着秦始皇统治区域的广袤大地。江是长江，河是黄河，海是秦始皇东巡时曾到过的东海和黄海。这显然是一幅秦代的疆域模型图。秦始皇统一六国之后，曾巡行四方，祭祀山川。因此，把秦国的疆域模型放在地宫里，是完全可以理解的。秦陵地宫里的地图模型是用水银作为江河，用机械转动，使水银川流不息，如江河奔流。

秦陵地宫有大量的水银，是没有问题的。令人不解的是水银如何奔流不息？也就是说，既然“以水银为百川、江河、大海”，就必有川、河、海的流动，那么，当初的设计者是怎样使这些水银形成的江河湖海流动起来的呢？人们显然无法从《史记》“机相灌输”和《汉书》“机械之变”的记载中获得清晰的了解。因为在古代，“机”的含义只能指机械，而同近现代以热能和电能为动力的机械、机器却毫不相干；“灌输”，显然是流灌输送的意思；而“相”字在这句话里却至关重要，它把“机”同“输”两者联系了起来，由机械推动水银流动，再用“灌输”的力量反过来又推动机械运动。这可能吗？这里又有两种截然对立的意见：

一种认为“不可能”。这种构想仅仅是设计者或营造者的一厢情愿，因为根据能量守恒和转化的科学原理，任何不消耗能量以求做功的“永动机"是不可能有的。事实证明，这种努力也只能是无法实现的徒劳。由此推知，始皇陵内的"水银河"是无法也不可能长期流动的，它只能在机械的推动下缓缓地"流动"一段时间，然后进入枯竭状态。

一种认为"完全可能"。秦人完全可以创造"以水银为江河大海流动"的壮举。人们往往把简单问题看得很复杂，其实也很简单，那就是通过涓涓的地下泉水的冲力，这是原动力，使机械转动，从而推动水银流动，如此往复不已，以达到水银流动不辍。西北大学文博学院徐卫民教授说："若问原动力来于何处？其实来源有多种，骊山有温泉，秦人可以把热能转化为机械能。虽然这是异想天开的推测，但不能排斥它的可能性。"

更多的学者认为，秦始皇地宫内以水银为"江河大海"的神奇营造，其真正的用意恐怕还不是为了象征气势恢弘的大自然景观。如同吴王阖闾、田齐桓公午墓中以"水银为池"一样，人们有理由认为这样做的一个重要目的是为了防盗。

对此，从吕不韦的认识中可以得到佐证。因为他当时主持秦陵的营建，应该说是该工程的"总设计师"。他是这样认识历史的："自古及今，未有不亡之国也；无不亡之国者，是无不掘之墓也。"(《吕氏春秋 · 安死》）所以，他在主持营建秦陵时，着眼于防盗。由于水银的熔点是 −38.87℃，即使在常温下的液态也极易挥发，而汞本身是剧毒类药物，人一旦吸入一定浓度的汞气，即可导致精神失常、肌肉震颤而瘫痪，以致死亡。墓中"以水银为池"，便可扩大汞的蒸气挥发层面，使毒气发挥更大的作用。秦始皇墓内用"机相灌输"的方法来搅动水银，不但使模拟的江河"奔腾"起来，而且弥漫在墓内的高浓度汞蒸气，可使入葬的尸体和随葬的物品长久保持不朽，更重要的是还可毒死胆敢进入地宫的盗墓者。

20

好大喜功、奢华无度的秦始皇，对于陪葬品也是极尽追求之能事。墓葬核心的地宫，无疑是一座奇珍荟萃的地下宝库。至于地宫中建筑景观、奇珍异宝，司马迁只以一句“徙藏满之”概括，其珍稀贮满之状，真是令人浮想联翩——

地宫珍宝知多少?

地宫“奇器珍怪徙藏满之”一语出自司马迁笔下。

早于司马迁的大学者刘向也曾发出过这样的深切感叹：“自古至今，葬未有如始皇者也。”那么，这座神奇的地宫珍藏了哪些迷人的珍宝呢？李学勤先生在为王学理所著《秦始皇陵研究》作序中指出：“在古代，全国最好的工艺匠师每每都被征召来为朝廷服务，从而帝王陵墓出土的随葬物品，总是有着特别高的艺术水平，是在其他等级的墓葬中难于出现的。可以揣想，始皇陵埋藏的珍宝奇器，都是精美绝伦的艺术品；来自全国各地的产物，包括兼并战争中虏获的异珍，充斥其间，成为名符其实的宝藏。”

《史记》明文记载地宫的珍宝有水银、铜椁、金蚕、金雁、银雁、珠玉、翡翠，等等。其他稀世之宝，已经丰富到难以胜数和无以为计的地步。20 世纪 80 年代末，考古工作者在地宫西侧发掘出土了一组大型彩绘铜车马。车马造型之准确、装饰之精美，举世罕见，可谓“青铜之冠”。之前，考古工作者还发掘出土了一组木车马，除车马、御官俑为木质外，其余车马饰件均为金、银、铜铸造而成。地宫外侧居然珍藏了如此之精美的随葬品，那么，地宫内随葬品之丰富、藏品之精致，必然有过之而无不及。

秦皇、汉武的心是相通的。人们还从稀世珍宝“满藏地宫”的汉武帝陵来猜想秦陵地宫里的藏宝。汉武帝以天下贡赋的三分之一“充山陵”，营建帝王坟墓，陪葬品也是极尽能事，如同生前所居的皇宫一样，汉武帝生前阅读的30卷杂经，盛在一个金箱内，也一并埋入陵墓之中。连汉武帝的遗体都以金银宝玉覆盖。《西京杂记》记载：“汉帝送死皆珠襦玉匣，匣形如铠甲，连以金缕。梓宫内，武帝口含蝉玉，身着金缕玉匣。匣上皆镂为蛟龙弯凤鱼麟之象，世谓为蛟龙玉匣。”汉武帝身高体胖，其所穿玉衣形体很大，全长1.88米，以大小玉片2498片组成，共镶金丝重约1100克。

“国弥大，家弥富，葬弥厚”，厚葬习俗，最早可追溯到夏商时期，于秦汉时期达到全盛。按照秦始皇好大喜功、奢华无度的性格和作风来看，作为墓葬核心的地宫，无疑是一座奇珍荟萃的地下宝库。至于地宫中建筑景观、奇珍异宝，司马迁更是以一句“徙藏满之”就一笔捎过了，真是令后人浮想联翩！司马迁仅为世人留下了一丝线索，显然只可能是当初原貌的挂一漏万。

应该说，秦始皇生前喜欢的，在地宫里必会有藏置。“事死如事生，事亡如事存”(《礼记 · 中庸》)，认为死与生同等重要。荀子也直言之：“丧礼者，以生者饰死者也。大象其生以送其死也。故如死如生，如亡如存，始终一也。”这一点正像马克思在《〈摩

乐府钟

金缕玉衣

尔根古代社会〉一书摘要》中所言的："生前认为最宝贵的物品，都与已死的占有者一起殉葬到坟墓中去，以便他在幽冥中能继续使用。"一般来讲，地宫是皇帝灵魂居住的地方，所以会按照生前宫廷中的日供和应用来选择陪葬品。也就是说，秦始皇会将生前的世界复制到地宫里，如此，几乎是现实宫廷生活场景的翻版。

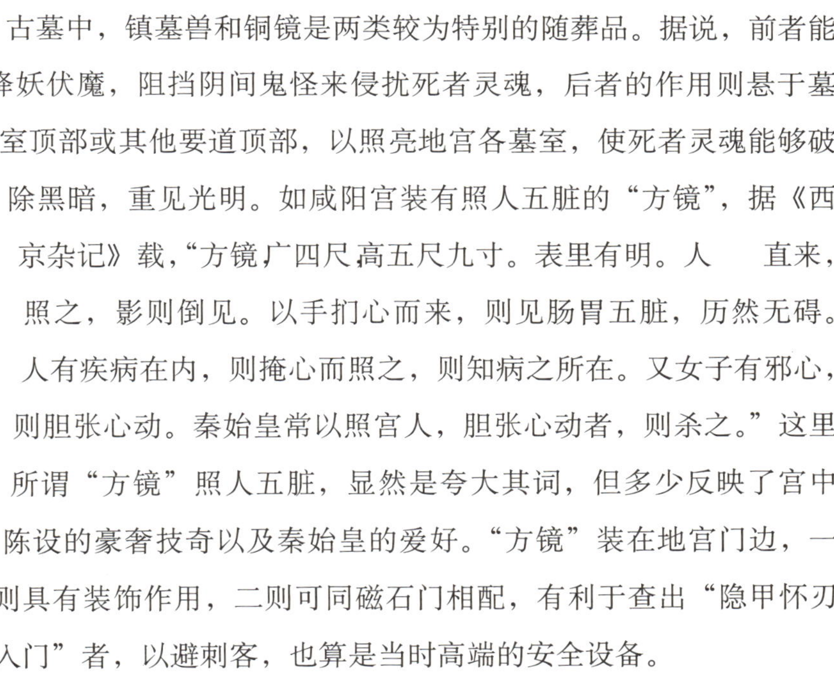

埃及木乃伊

古墓中，镇墓兽和铜镜是两类较为特别的随葬品。据说，前者能降妖伏魔，阻挡阴间鬼怪来侵扰死者灵魂，后者的作用则悬于墓室顶部或其他要道顶部，以照亮地宫各墓室，使死者灵魂能够破除黑暗，重见光明。如咸阳宫装有照人五脏的"方镜"，据《西京杂记》载，"方镜广四尺，高五尺九寸。表里有明。人直来，照之，影则倒见。以手扪心而来，则见肠胃五脏，历然无碍。人有疾病在内，则掩心而照之，则知病之所在。又女子有邪心，则胆张心动。秦始皇常以照宫人，胆张心动者，则杀之。"这里所谓"方镜"照人五脏，显然是夸大其词，但多少反映了宫中陈设的豪奢技奇以及秦始皇的爱好。"方镜"装在地宫门边，一则具有装饰作用，二则可同磁石门相配，有利于查出"隐甲怀刃入门"者，以避刺客，也算是当时高端的安全设备。

秦陵埋藏事迹的隐而不露，使得人们对秦陵考古的未来充满遐想。每一次常规的发掘，都有可能爆出惊天的秘密，而每一铲泥土的掀开，都有可能为世人奉献上一个震惊世界的奇迹！专家

编钟

学者对于地宫内的陪葬品作了种种具体的推测。

有的，根据西汉中山靖王刘胜墓中出土的“金缕玉衣”和《汉书》中“被以珠玉，饰以翡翠”的记述，推测秦始皇可能穿着更加精致的金缕玉衣。

有的，从随州曾侯乙墓出土的1 .5万多件精美奇特的随葬品中，推断秦陵地宫的藏品更加优美精巧和丰富。

有的，从湖南龙山县里耶镇秦代古井以及马王堆的秦简，想象在秦陵地宫里，除美玉珠宝外，简牍帛书也当不算少数，或许一些早已失传的先秦诸子百家著作就存藏于地宫中。

有的，从秦陵陪葬坑出土的铜车马、青铜剑、青铜大鼎、众多兵器及K007坑出土的青铜水禽等，猜测地宫里当有为数不少的金银饰品、玉石及铜质珍宝。

有的，从秦始皇的性格爱好推断，地宫还有哪些收藏物：

始皇帝尚乐，地宫里必藏百戏之乐。在秦陵东南方向的内外城之间，发现了一个东西40米、南北15米、面积为600平方米的陪葬坑，多为百戏俑。它生动地

编磬

反映了为帝王宫廷而设的场面。近年来出土的编钟等乐器举世震惊，可以推测秦陵地宫中当有此类乐器。

始皇帝喜剑，地宫里必藏当年自己佩带的宝剑。此剑削铁如泥，吹毛立断，是中国古代十大名剑之一。据记载，干将莫邪宝剑等传说中神话般的宝物，也很有可能埋藏在秦陵地宫。

始皇帝好书，地宫里必藏大量的竹简等典籍。他是很勤政的一位帝王，每天要看一石重要的公文，否则就不休息。那时的公文是写在竹简上的，一石为秦时的120斤，约相当于现在的30公斤。除此之外，还有其他典籍也很喜读。如当他如饥似渴地读完韩非的《孤愤》、《五蠹》时，不禁拍案叫好："嗟乎！寡人如能得以见到此人，并同他一道交游，死而无憾矣！"仅此一端，足见始皇帝是位好读者。在地宫里必会藏有大量的典籍，就是列入《焚书令》里的禁书也可能收藏宫中。

1991年7月5日，笔者去钱君匋先生家，请他为拙著《荀学论稿》题写书名，钱先生一口答应。他对荀子及荀学甚感兴趣，当谈及荀子的弟子李斯时，钱先生说："李斯是书法家，出巡时所留石刻是他的手迹，在秦陵地宫里有不少文稿及石刻当是他的手迹，因为李斯是当时营建秦陵的主持者之一。李斯是政治家又是文化人，定会将其有意义的，特别是秦始皇所喜欢的以篆书写的《谏逐客令》藏在地宫里。"

对于此，不少史学家早已关注到。北京故宫陆续发现了一批珍贵的典籍、孤本、底本、档案等时，周谷城先生曾说："先秦时的竹简典籍也许藏在秦陵地宫里，秦始皇好读书，躺在那儿也有事情做。"这尽管是语带诙谐的论述，但讲了一个可能的事实。地宫收藏秦始皇生前喜欢的竹简以及

青铜宝剑

陈垣先生说："司马迁在《史记》里说地宫收藏了许多珍宝。我看，先秦典籍不少还藏在秦陵地宫里。"

其他典章，也许把当时王朝所谓的内府藏本都收入其宫。1951 年 11月 ，全国政协一届三次会议后，毛泽东在怀仁堂举行国宴时，与陈垣同席。毛泽东向别人介绍说："这是陈垣，读书很多，是我们国家的国宝。"陈先生在席间说："司马迁在《史记》里说地宫里收藏了许多珍宝。我看，先秦典籍不少还收藏在秦陵地宫里。"这些典籍若是面世，必将成为一门显学，并起着"补史之阙，纠史之偏，正史之讹"的作用。

地宫里的金银财宝更不用说了。中山靖王刘胜的金缕玉衣，用去1100 克金丝，2498 块玉，始皇帝的"天衣"更难以估量。刘士毅的助手、负责电法测量的物探所研究人员吕国印先生说，在地宫中还发现了由金属所引起的极化率异常，以往都认为是"水银所致"，经判断，这种异常不是由水银所引起，也不像是《史记》所言"下铜以置椁"透露的以铜浇铸的墓室地基，这说明地宫中有金属陪葬品。是什么陪葬品呢？笔者认为"十二金人"、九鼎、编钟等等都是金属陪葬品。

"十二金人"，那是秦始皇统一天下后正式下达销毁六国兵器、熔铸十二金人的命令。十二金人先是立于宫门，后来就下落不明了，之所以无所觅迹，学界说法不一。其中有一说，认为被置于地宫了，因为十二金人可作为祥瑞、佑神。《五行志》说：秦始皇以临洮出现十二个身高五丈、穿夷狄服装的巨人为祥瑞，故作金人十二以象之。尽管此说带有传奇色彩，但正是秦始皇的内心反映。

"九鼎"被周人视为天命之所在，是王权之象征，也是秦始皇的喜爱之宝。从"泗水取鼎"的故事可以得到佐证。此事最早见于《史记 · 秦始皇本纪》："始皇还，过彭城，斋戒祷祠，欲出周鼎泗水，使千人

人面纹鼎（左）、兽面纹鬲（下）、司母戊大方鼎（右）等一类先秦华丽青铜器在地宫必有不少收藏。

没水求之，弗得。”据考，沦没泗水的“九鼎”，实际是“九鼎之一”，而非全部。文献中一般称“九鼎”为“周鼎”，实际上并非是周人铸的，而是夏代铸造的。九鼎因为是传国之重器而被保存了下来，也就是说，在周代，九鼎已是夏器的独存者了。自周亡九鼎入秦之后，就再也不见九鼎的记载了，则九鼎又毁亡于秦。鼎之器形不会太大，楚庄王就曾以鄙夷的口吻说：“楚国折钩之喙，足以为九鼎。”（《史记·楚世家》）可见九鼎之“重”，只存于传统的神秘观念之中，而不是实物本身的价值。就连疑古甚勇的顾颉刚先生也说：“九鼎是夏铸的，商灭了夏搬到商，周灭了商搬到周，当时不过因为它是宝物，所以搬了来，并没有多大的意味，但经过了长时间的保存，大家对它就有了传统的观念，以为凡是兴国都应取九鼎为信物，正如后世的‘传国玺’一样。”（王煦华编《顾颉刚选集》，天津人民出版社 1988 年版第 105 页）九鼎中，一鼎没于泗水，八鼎下落何处，一说认为收藏在地宫里，因为鼎也为始皇的喜爱之宝，并非不可能。

秦始皇喜欢的宝物实在太多了。《史记 · 李斯列传》也介绍了秦始皇喜爱之宝有如昆山之美玉、随侯之明珠、卞和之宝玉、太阿之剑、纤丽之马、翠凤之旗、灵鼍之鼓、江南之金锡、西蜀之丹青，以及宛珠装饰的簪子、嵌着玑珠的耳坠、绸绢的衣服、锦绣的饰物……这些虽不产于秦国，可秦王却喜之，并带入地宫作为陪葬品也在情理之中。站在秦陵封土上，南翘骊山，北瞰渭河，有识之士尽可想象《汉书 · 刘向传》中那“棺椁之丽，宫馆之盛，不可胜原”的地宫奇器珍宝！

秦陵地宫内还有哪些珍贵的随葬品？千百年来由此引发了许多神奇的传说故事。其中有则十分迷人的“地宫飞雁”的传说。《三辅故事》有这样的记载，楚霸王项羽入关后，曾以三十万人盗掘秦陵。在他们挖掘过程中，突然一只金雁从墓中飞出，这只神奇的飞雁一直朝南飞去。斗转星移，过了几百年，到了三国时期（宝鼎元年），一位在日南做太守的官吏名叫张善，一天，有人给他送来一只金雁，他立即从金雁上的文字判断：“此物乃出自始皇陵也。”

这个神奇的传说有没有历史依据？近年来有的学者著文指出：“这虽然是个传说故事，但说明秦陵内的文物曾经流失于外，并且远达云南以南。至于说金雁制作精巧，不但好看，而且还能飞，这也是有可能的。因为在春秋时期，著名工匠鲁班已经能制造出木雁，在天空中飞翔，直飞到宋国的城上。几百年后，秦国的工匠能制造出会飞的金雁，这是可信的。”（武伯纶、张文立《秦始皇帝陵》，上海人民出版社 1990 年版）

那么，这个传说故事究竟可信不可信？对此，《秦始皇及其修陵的传说》的作者作了绝对的否定，他说：“我们可以肯定说秦陵金属飞雁的传说没有丝毫的可能性，具有现代科技意识的中国人切勿轻信这个传说了。”其主要理由是：“对于一个金属物体来说，它如果没有机械

竹简

动力单靠自然界的风力，不要说空中飞行恐怕连起飞这个基本的难题也无法解决。2200年前的中国何以能解决金属物体的飞行动力问题呢？再进一步分析，假设秦代有能力制作会飞的金雁，那么金雁埋入地宫之后将会不停地自动飞翔，一直在地宫内飞行了近一千个日日夜夜。……这个自动飞翔的金雁又沿着地宫的墓道顺利地飞出地面，然后又越过秦陵南侧数千米高的山峰飞往遥远的南方。显然不可能。”认为这个奇闻是闲聊文人编造出来的。笔者也认为是文人编造的，但这则传说故事在历史文献上有一点蛛丝马迹。因为在司马迁和班固的记述中有这样一句：“黄金为凫雁。”也许这两位史学大师记载的是墓内有用黄金制作的“凫雁”，而古代文人很可能由此又演绎和“创作”了“地宫飞雁”的传说故事。

有一部小说，猜想地宫里藏有“长生璧”。小说写道，当年秦始皇为求长生不老，派徐福率三千童男童女出海寻不老药。行至蓬莱，徐福巧得一块玉璧，据说将此璧研粉服下，可令服者永生不死，与天地同寿。可是待徐福带着这件宝物返回时，秦始皇已经病亡沙丘。于是这块玉璧遂作为秦始皇的陪葬之宝带入秦陵地宫，人称“长生璧”。后来，一块假的“长生璧”落在赵高手中，于是，李斯又和赵高为争夺玉璧而争得头破血流，最后才知真的“长生璧”在秦陵地宫里。显然这又是编造的奇闻，但是也说明一个基本的历史事实：想得到“长生璧”的人多不胜数，无不想长生不死。

21

经过科学检测，秦俑的青铜兵器上的表面有一层含铬化合物的氧化层，起着良好的防锈作用。据说，20世纪30年代，西方国家才出现这项防锈技术的专利。秦俑坑中青铜兵器的发现及其技术的先进，自然让人联想到地宫里设置的——

“弩弓”还能自动发射吗?

秦始皇在防止盗墓方面也苦费心机。《史记 · 秦始皇本纪》记载：秦陵地宫“令匠作机弩矢，有所穿进者辄射之”。这里指的是在地宫里安装着一套自动发射的暗弩。如果记载属实的话，这是中国古代最早的自动防盗器。

郑振铎（左）先生说：“地面上有如此精美之文物，地宫的营造及藏品更是华丽和精美。地下宫殿营建坚固又有弩矢等自动防盗武器护卫着。”

1956年3月21日，时为国家文物局局长的郑振铎先生赶到骊山北麓的秦始皇陵视察。在秦陵前，他看到农民在掘土，碎砖破瓦堆弃于旁。他随手拾起几块大瓦残片，便可合之以成半形。只见瓦纹奇诡，甚为精美，当属秦皇陵寝所用之瓦当。他觉得这里的每寸土都有诗一般美丽的故事给人传颂。对考古人员连声说道：“地下有宝，地下有宝！地面上有如此精

戈

美之文物，地宫的营造及藏品更是华丽和精美。地下宫殿营建坚固又有弩矢等自动防盗武器护卫着，要好好搜集、研究，并好好编出一本有关秦陵的图书。”不出所料，他离世十多年之后，在他生前灌注过心血的考古科学工作队的发掘下，这里出土陶俑陶马8000件，规模宏大，气势磅礴，被世界公认为世上第八奇迹。

秦代曾生产过连发三箭的弓弩。但是安放在地宫的暗弩，当是一套自动发射的弓弩，当外界物体触及与之相连接的绊索时，弓便会自动发射。2200多年前，秦代何以能生产如此高超的自动发射器，也是一大谜题。包括司马迁在内的古人对此都深信不疑，而现代人倒提出了种种质疑。

有一种说法认为，经过秦始皇“焚书坑儒”的愚民政策，秦代文化科技几乎是一片荒漠。

当秦俑出土后，人们普遍认为，它不仅为雕塑艺术的历史提供了丰富的材料，同时，也促使人们对秦代的科学技术进行重新认识。秦俑坑出土的精良的兵器，充分反映出秦的科学技术水平。

可以这样说，一个时代的科学技术水平，往往首先表现在它的军事装备上。秦代也莫不如此。秦俑坑中的青铜剑，在很大程度上反映了当时冶炼、手工机械的发达水平。经过化学分析，青铜剑的比例为铜占73%～76%左右，锡占18%～21%，铅为0.17%～2.18%，还有镍、镁等，质地比较坚硬，而又有韧性，不易折断。剑与矛的刃部磨纹细而且密，磨纹纹理清晰，磨纹几乎与剑脊平行，矛的磨纹则在弯曲的地方形成辐射状。雷玉平主编的《秦始皇兵马俑博物馆》还介绍说，镞是三棱形的，它的三个面和三个棱被加工成抛物线形，这样会使镞飞行平稳，速度快，命中率高。它的放大投影同现在的步枪子弹一样。可见，当时兵器制作已具相当水平了。

技术的发展是一方面，另一方面也有相当的经济实力。《晋书·索靖传》里就记述了这样一段君臣对话："帝问綝曰：汉陵中物，何乃多耶？綝对曰：汉天子即位一年而为陵，天下贡赋三分之，一供宗庙，一供宾客，一充山陵。"国家三分之一的财政收入都用于为帝王造墓，其埋入地下的财富之多可见一斑。汉初如此，秦时的经济实力绝不亚于汉初，还可能比汉初强一点呢！秦始皇可以他所掌握的财政实力用于军事武器的制作以及秦陵地宫的防盗设备的武装上。

再则，在当时来说，确实也是一种防盗需要。盗墓，是渊源古远的社会文化现象。历史上有记载的最早被盗的墓葬是商朝第一代王商汤之冢，距今约3600年。在厚葬之风兴起的时代，盗墓行为也日盛。所谓"荒冢入锄声"、"骷髅半出地"、"白骨下纵横"等诗句，反映了盗墓之盛。那些高贵的墓主也很清楚，陪葬的"国宝"，从入土之日起就注定会引盗贼来光顾。因此，对墓葬的防盗措施可谓绞尽脑汁，采取加固、施毒、暗器等法致来犯的盗墓者死于墓门之外。针对盗掘古墓之风，秦始

青铜铍

皇并非孰视无睹，他采取过各种措施严加防范。

坚固陵墓自然为一法。秦陵又“下铜而致椁”，又深埋高土堆，以求坚固。到了汉代则更加讲究。汉文帝在历史上算是一位号称“节俭”的皇帝，史书上记载他采取比秦始皇更加牢固的陵墓，是中国历史上第一个“依山凿穴”为悬棺的帝王，而这种“因山为藏”，采用不起坟丘的崖墓形式，在很大程度上也是出于防盗的动机。《史记·张释之冯唐列传》记载，汉文帝一次巡视灞陵，环顾群臣感叹道：“你们看，如果把整座北山都开凿成一个大石椁，哪里还能够有人撼动它呢！”可见他主张依山为陵的目的，还是为了防止日后被盗掘。与汉文帝灞陵同属“依山为藏”的河北满城中山王墓，经过正式的考古发掘发现，除了整个墓穴都开凿在山崖中外，还在墓道和甬道中塞满了巨石块，以防止盗墓者从墓道进入墓室。后代沿袭了这种“依山为陵”之制，从《唐会要》载“乾陵之宫，其门以石闭塞，其石缝铸铁，以固其中”，看来封闭得相当严密。五代时期温韬在盗掘乾陵之时，“唯乾陵风雨不可发”，实际上很可能是由于乾陵采取了十分坚固的防盗结构而无从下手，因而乾陵可能是唯一幸免于盗掘之祸的汉唐帝陵。

铜金钩

除“坚固陵墓”之外，“积石积炭”又是一法。早在春秋战国时期，在一些墓葬中就出现了在墓室里“积石积炭”的做法，“积石”以加固，“积炭”以防潮，还兼起到防盗的作用。用“积沙”的方法防盗，也是这个时期的发明。如河南辉县的魏王墓，在棺椁固定之后，便往墓坑内填沙。据考古工作者测定，沙的填入量下自墓底起，上至地面 8 米处止，共深达 94.4 米，体积达 1000 立方米。这种方法巧妙之处就在于“以柔克刚”，盗墓者倘若采用掘盗洞的办法企图进入

秦陵地宫猜想

墓室，那么他刚挖出一个洞，流沙便马上将这个洞重新填满。除非把整个墓室内的积沙都运走，不然就只好“望沙兴叹”了。秦汉也沿用此法。据《汉书 · 酷吏传》载，汉昭帝刘弗陵的平陵兴建之时，“大司农取民牛车三万辆为僦，载沙便桥下，送至方止，车值千钱”。看来是不惜花费重金从远处运沙回填到墓中。考古发掘中发现有不少秦汉墓葬大量填沙，可能就是这个原因。

“伏弩暗器”更是防盗之法。在墓葬中设置杀伤性的“暗器”，既起到射杀盗墓者的目的，又能杀一儆百，吓唬有盗墓企图的人。据《汉旧仪》记载，秦汉时，特别是汉代的皇陵地宫中“四方外涉，东石外方立，先闭剑户，户设夜龙、莫邪剑，伏弩，设伏火”。这些，都是用来对付盗墓者的“机关”。秦始皇在地宫中设有暗弩强弓，也是在前人基础上的创新和发展。

有的说：秦始皇陵即使有弩弓等暗器，日久必然失效。

果真是失效了，变成一堆烂铜了吗？有的说：不一定，也许不会失效。前不久，打捞起一艘南宋时期的木质古沉船，令人惊奇的是，这艘沉没海底近千年的古船船体保存相当完好，船体的木质仍坚硬如新。人们自然联想秦陵地宫的藏品的完好程度。在一号兵马俑坑T 2 第十一过洞的一柄青铜剑，出土时因被陶俑碎片压住而弯曲，待到将陶俑碎片拿开之后，这把剑就立刻反弹而恢复了平直，考古人员为铜剑之弹性称奇赞叹之际，也在推测地宫弩弓的现状：不一定会失效。

会不会失效？这里有个技术问题，那就是视其会不会生锈。2003 年 8 月，山西盂县发现大型春秋战国时期古墓群，

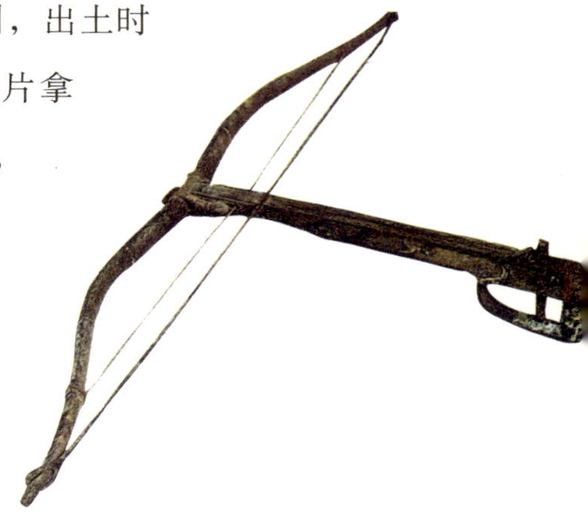

弓弩

青铜弩机

除出土大量陶器和青铜器外，还有青铜剑，其中发现了一柄罕见的青铜剑，剑长 40 厘米，宽 5 厘米，剑柄长约 10 厘米，剑刃上有多处钝口，但依然有光泽。于是，有的学者由此得出“秦陵地宫弩弓可能不会失效”的观点。

持“失效”论者，总是低估秦代的冶炼技术。其实，秦代的冶炼技术以及兵器制造已经达到相当的水平。《秦始皇兵马俑博物馆》一书介绍说：“秦俑坑中铜弩机的各个部件都可以互换。这种高标准的规格和标准程度，对金属加工工艺有很高的要求，没有一定的机械工具，仅凭双手是达不到的。”书中特别强调说：“更值得注意的是秦俑坑中青铜兵器的防锈技术。青铜剑、镞、矛、镦、殳的表面光洁锃亮，颜色深灰。经过各种方法检验，它们的表面有一层含铬化合物的氧化层，起着良好的防锈作用。”秦俑的青铜兵器上的防锈

铜笼箙

技术并非偶然，而是当时有意识进行的特殊工艺。专家们还分析，此防锈工艺就是把剑、镞等放在重铬酸钾溶盐或水溶液中浸煮过的结果。据说，20世纪30年代，西方国家才出现这项防锈技术的专利。秦俑坑中青铜兵器的发现以及其技术的先进，显然是世界冶金史上的光耀。从中也可以让人联想到地宫里的强弩的杀伤力。

至于墓室内部的细节情况，至今知晓甚少。其安装弩弓到底又是怎样的一种情形，在没有打开地宫之前，是无法下定论的。但就秦俑坑出土的弩弓来看，还可略其一二。其弓干和弩臂均较长，材质可能是南山之“柘”（山桑），当是性能良好的“劲弩”。据考古学家王学理先生估计，这种弩弓的射程当大于“六百步（合今831.6米)”，张力也当超过“十二石（合今738斤)”。这样远射程、大张力的劲弩，单靠人的臂力拉开恐怕是困难的，只有采用“蹶张”才能奏效。如果把装有箭矢的弩一个个连接起来，通过机发使之丛射或是连发，就可达到无人操作、自行警戒的目的。

史书有关记载的秦陵地宫里水银造的“百川江河大海”，是第一道重防。

另一道防盗设施，即为巨石坚固。

第三道防盗设施，即为强弓弩箭。

正是巨石砌成坚固的宫墙、水银作为毒气以及强弩阻挡着盗墓入侵。经全面勘测后，人们发现周围陪葬坑中，项羽时代焚烧破坏的痕迹着实不少，但封土堆下的地宫却完好无损。至今尚未找到大规模盗掘的有力证据。有学者猜测，秦陵地宫的防盗措施发挥了作用。前面先进去的人要么被毒气毒死了，或是被强弩射死了，后面的人见状也就只好作罢。尽管是一种猜测，但防盗措施的作用，是不能低估的。

就说“机弩矢”，其实是“暗弩”。因为秦陵地宫藏有大量珍奇异宝，为了防盗，就在墓门内、通道口等处安置上这种一触即发的武器，一旦有盗墓者进入墓穴，就会碰上连接弩弓扳机的绊索而遭到猛烈的射击。这一防盗技术，被汉唐所继承。据《录异记》载：唐僖宗末年，有一个盗墓者被凤翔府官差抓获，在审问时，盗墓者说他“为盗三十年，咸阳之北，岐山之东，陵城之外，古冢皆发”。可谓是一个专事掘墓的盗墓贼，但有一次，在掘一古冢时，“石门刚启，箭出如雨，射杀数人。……至开第二重门，有木人数十，张目运剑，又伤数人。复进，南壁有大漆棺，悬以铁索，其下金玉珠玑堆积，众惧，未即掠之，棺两角忽飒飒风起，有沙迸扑人面，须臾风甚，沙出如注，遂没至膝，众惊恐走。比出，门已塞矣。后人复为沙埋死。”由这段记载可以看出，这个盗墓贼可谓是死里逃生，无怪乎他恐惧地说：此次不被捉捕，也打算今生今世“誓不发冢”了。

22

秦陵地宫顶上镶嵌的“夜光珠”，很可能是萤石和特殊的水晶。地宫里的鱼类油制成的“长明灯”在缺氧情况下是否还亮？有的说，古人绝顶聪明，他们也许自有妙法让——

长明灯还亮着！

司马迁在《史记》中说：地宫中有以鱼类油制成的“长明灯”。《三秦记》说：“始皇冢中，以夜光珠为日月，殿悬日月珠，昼夜光明。”《三辅故事》云：“以明月为珠。”

由此可想见，秦陵地宫内部是何等的灿烂辉煌！地宫的“长明灯”意欲求长久光亮不熄、永固江山不倒！

“‘长明灯’还亮着吗？”

“还亮着！”

“点了两千多年了还亮着啊？”

“是的！”

“奇怪！”

“不奇怪！”

这是参观秦陵后，游者与导游的对话。导游还讲了一连串的故事，用以说明秦陵地宫的“长明灯”还亮着，他说——世界各地都有盗墓者。这些盗墓者通常会认为地宫里面黑洞洞的，伸手不见五指。可是

西汉长信灯（出土于西汉中山靖王王后窦绾墓）

他们有时却惊恐地发现，在一些古墓的拱顶上，一盏明灯射着幽幽的光芒，人们谓之“长明灯”。

“长明灯”屡次现身。这种古庙灯光或古墓灯光的故事在世界各地都有流传，例如印度、中国、埃及、希腊、南美、北美等许多拥有古老文明的国家和地区，就连意大利、英国、爱尔兰和法国等地也流传过。当然，这些故事多为神话传说。

有“燃亮500年罩灯”的故事：公元527年，叙利亚处于东罗马帝国统治之时，在叙利亚境内的东罗马士兵们曾发现，在一个关隘的壁龛里亮着一盏灯，灯被精巧的罩子罩着，用以挡风。从当时发现的刻写文字可知，此盏灯点燃于公元27年，到发现它时，这盏灯竟然已经持续燃亮了500年！可是，这盏灯很快被毁坏了，其神秘的原理也无法知晓了，留下了一个难解之谜。

有“埃及太阳神庙门灯”的故事：一位希腊历史学家曾记录了在埃及太阳神庙门上燃烧着的一盏灯。这盏灯不用任何燃料，亮了几个

跽坐人漆绘铜灯

世纪，无论刮风下雨，它都不会熄灭。据罗马神学家圣·奥古斯丁描述，埃及维纳斯神庙也有一盏类似的灯，也是风吹不熄、雨浇不灭，真有点像从《西游记》所描述的火焰山上寻来的火种。

有“燃亮1200年的康斯坦丁灯”的故事：公元1534年，英国国王亨利八世的军队冲进了英国教堂，解散了宗教团体，挖掘和抢劫了许多坟墓。他们在约克郡挖掘罗马皇帝康斯坦丁之父的坟墓时，发现了一盏还在燃烧的灯。康斯坦丁之父死于公元300年，这意味着这盏灯燃烧了1200年！

有“燃亮2000年的派勒斯灯”的故事：公元1400年，人们发现古罗马国王之子派勒斯的坟墓里也点燃着一盏神奇的灯，这盏灯已持续燃烧了2000多年！风和水都对它毫无影响，可是抽走灯碗里那奇怪的液体，便熄灭了。这也许是神话中的阿拉丁的神灯！

这些故事显然是导游根据有关记载和传说，加以演绎的。其用意是为了说明：秦陵地宫的长明灯还亮着。秦陵地宫的长明灯是存在的，《史记》有所记载，而且使用什么燃料也说了。不过，语焉不详，造成后人的种种推测。

《史记》说是用“人鱼膏为烛”。“人鱼膏”，在很多典籍中都写作“人膏”、“鱼膏”，这很可能是流传中的笔误。宋代裴骃引徐广的话说：“人鱼似鲇，四脚。”唐代张守节又引《广志》的解释：“鲵鱼，声如小儿啼，有四足，形如鳢，可以治牛，出伊水。”《异物志》又云：“人鱼似人形，长尺余。不堪食。皮利于鲛鱼，锯材木入。项上有小穿，气从中出。秦始皇冢中以人鱼膏为烛，即此鱼也。出东海中，今台州有之。”在古籍上常有用鲵鱼、人鱼、孩儿鱼来代表“娃娃鱼”的，其学名叫“大鲵”。

据历史学家、考古学家王学理先生的研究，鲵的另一种解释便是“雌性的鲸鱼”。他在研究中指出，由于鲸鱼属于大型水栖类哺乳动物，体长、肉美、脂肪多，用其脂膏点灯便有了经济的意义。当年秦始皇在东海曾令人以连弩射杀过的大鱼便是鲸鱼。有的科学家曾作过这样有趣的推算：用鲸脑油制成的蜡烛，一支的燃烧值是 7.78 克小时，1 立方米的鲸油可以燃烧 5000 天，秦代人之所以用“人鱼膏”作烛，估计就是利用它耗油少、燃点低、不易灭的这一特性，用作照明相对可以保持持久。

“若是人鱼膏燃尽了，靠什么？”

有的回答说：“腐败的物质产生的甲烷、磷……等等，还可作为助燃物质。”

从燃料上可知地宫设有长明灯的可能性，同时从秦始皇的个性来说，设置长明灯有其必要性，这不仅是装饰，更是他的荣耀，他要光明四射，更要不分昼夜奋发读书和密切关注世间的动静。

别说至尊的“千古一帝”，就是侯王贵族乃至一般的平民的墓穴里也会设置长明灯，往往在棺椁四周放置着瓷灯台或是一盏盏铜灯台，显然是墓室内的照明设备，俗称“万年灯”或“长明灯”，以示昼夜通明，光耀千秋。现在四川农村地区还保留有点“长明灯”的习俗。事实上，在封闭的状态下，当油灯耗尽墓室中的氧气时，灯火就会自行熄灭，不过在客观上它起到了一个“抽真空”的作用，有利于遗体的保护。

从已经出土的北京十三陵明定陵地宫中的“长明灯”来看，在陵墓中要做到“人鱼膏为烛，度不灭者久之”，显然是不可能的，因为一旦隔绝了空气，燃烧也就成为泡影。

在隔绝了空气之后，人鱼膏还能点亮吗？这个问题上也是有争议的。

对此，在网上就有过争论，稍作整理，摘录如下：

甲说：“固体石蜡，过氧化物碾成粉做的灯芯，当墓室封闭后，缺氧时会自动熄灭，打开墓室氧气进入后，灯芯又会自动点燃！”

乙说：“太悬了！古人应该还没有那么先进的技术置备这类东西。”

丙说：“燃烧现象本身既然有过氧化物，和缺氧与否关系应该不是很大了。不会因为缺氧就停止反应。”

丁说：“打开来看看，眼见为实！”

甲又说：“世界之大，无奇不有！人类还有很多老祖宗留下的未解之谜等着去解开！”

乙又补充说：“再说，那种富人的墓穴应该很大吧。说小点儿，假设是现在 80 平方米房子那么大，高为 2 米，就是说整个墓穴的容积就是 160 立方米。扣除棺椁之类的，算 100 立方米吧。其中的氧气的量还是非常多的。……要把其中的氧全消耗掉，所用的固体石蜡和过氧化物的量应该也是很可观的。”

……

这是很有兴味的讨论，为了科学而上下求索，精神可嘉可倡！

有人这样反驳说，不熄之火最早出现在各种神话故事中，人类由于机缘凑巧，知道了这个秘密。也许是某位先哲把它传给了人类，就像神农氏教会了人类种植农作物，有巢氏教会了人类建造住所。一旦人类得知如何制造永久的灯光，消息不胫而走，全世界的庙宇都想装上这种永不熄灭的灯。

汉陶树灯

有人还这样反驳说，电光不是在没有空气条件下存在吗！？古人也是聪明绝顶的，不过，今人尚未知晓。他还举了炼金人墓穴里的一盏长明灯：

公元1610年，这位炼金术士的坟墓在他死后120年被掘开，人们发现里面也亮着这样一盏不熄的灯。后来，有人考证怀疑古时的炼金术士和铸工懂得制造这种长明灯的技术。因为这位墓主是炼金术士。此说认为这种不熄的灯光与金属有关？

除金属能发光外，还有药液也能发亮。“无空气也能燃亮”者又讲了西塞罗女儿的故事：

公元1540年，罗马教皇保罗三世在一条古罗马大道旁边的坟墓里发现了一盏燃烧的灯。这个坟墓据说是古罗马政治家西塞罗的女儿之墓，西塞罗的女儿死于公元前44年。显然，这盏灯在这个封闭的拱形坟墓里燃烧了1584年！更有趣的是，坟墓里的尸体浸在一种未知的液体中，看起来像是刚刚才死去一样，原来古人用这种液体来保存尸体。

也有科学家解释说：这是因为打开墓穴后，所见的亮光是一种磷光体发出的紫光。

此说给人以想象的思路，不要局限在非要有空气才能发亮。

是啊，还有生物光呢，据英国“新科学家”网站报道，在深海里生活着许多可以发光的奇特生物，它们一般用生物光来照明。有一种广鳍八腕鱿会发出强烈的闪光以恐吓猎物。

秦陵地宫室内地面“百川、五岳、九州，具地理之势”。“江河湖海”用水银灌输。铜质棺椁放置在象征中国疆域地貌的版图上。铜棺周围点缀着“人鱼膏”人形铜柱长明灯。宫室内，文武百官，三公九卿等无数雕像，肃然恭立，就像他们生前一样，随时听从“召唤”。后人对司马迁上述充满神秘色彩的记载与描绘一直是半信半疑，现在来看，大多为真实可信！

古人对于“夜明珠”、“长明灯”的传说故事不胜枚举。珠多生于蚌，正如《史记 · 龟策列传》所言：“明月之珠出自江海，藏于蚌中。”说其“明月”，也许取其光明如月之意，并不是“发光的珍珠”。

若存在发光的“夜明珠”，王学理研究员说：“那只能从球状的宝石中去寻找它的存在。据现代科学所提供的资料可知，矿物的发光性可分为荧光、磷光和热发光三种形式。”他认为，秦陵地宫顶上镶嵌的“夜光珠”很可能是萤石和特殊的水晶。英国李约瑟博士在《中国科学技术史》中曾说：有一种叫做绿萤石的“夜光璧”，经过加热或摩擦，会在黑暗中发出很强的磷光和萤光，距离 15.24 厘米的地方，可借以阅读图书。据报道，1982 年 11 月在广东钨矿山发现了一种含强磷

《秦始皇陵研究》（王学理著）书影。中说，秦陵地宫顶上镶嵌的“夜光珠”很可能是萤石和特殊的水晶。

钱钟书先生说：秦陵地宫的长明灯，其"长"为永久之谓也，不完全是象征性的，对此，秦始皇帝"一言九鼎"，有法解决，不能低估秦代的科学技术。

光的萤石，在无灯光的夜间，相距 3 米仍清晰地看到它发出浅蓝、浅绿的美丽光彩。

钱钟书先生学贯中西，有着照相机式的记忆力，是一个谜一般神秘而富于魅力的人物。每次出差至北京，总想去采访钱钟书先生，可是他的家人是钱先生的"守门人"，常以"钱先生外出"而婉言谢绝。有一次，好友林剑鸣先生陪我去探望，当时以为记者走遍天下无阻拦，结果最终还是被拒于门外。一路上，林先生介绍了钱先生关于秦陵"长明灯"的看法。钱先生说：秦始皇营建秦陵近四十年，重在地宫的建设。用"人鱼膏"为烛，制作长明灯，使地宫如同白昼，光照永久。秦始皇把生前的威风搬到了死后的地下宫殿之中。秦始皇是位干实事的人，长明灯，"长"为永久之谓也，不完全是象征性的，对此，秦始皇帝"一言九鼎"，有法解决，不能低估秦代的科学技术，如今一时无法认知的，就否定它存在的可能性，那是一种无知。林剑鸣先生对钱钟书机趣而睿智的说法，深表赞同。对于一辈子"钟情于书"的钱先生，笔者也深信他的想象与推测。

"中国始皇陵，埃及金字塔；当惊世界殊，环球共文明。"秦陵是中华第一座皇家陵园。这座地下宫殿里的灿烂辉煌同样吸引着人们去探寻其千古之谜，并给人们带来更加丰富的知识撞击。

23

有的说，秦王十三岁登基开始修陵，当时可能没规划，到了称帝之后才有严密的布局；还有的说，并非一开始就有完整的设计图，因为修陵工程历时近四十年，是逐年营造、逐年完善。另一种说法是，一开始就有设计图，李斯所言“凿以章程”，表明秦陵的营造施工设计当有“章程”即“兆域”图，而且——

“兆域”图存于地宫

《史记》载道：“始皇初即位，穿治骊山。及并天下，天下徒诣送七十余万人。”这就是说，从嬴政十三岁即秦王位（公元前 247 年）便开始修陵，统一六国之后，开始了更大规模的修陵工程，直到公元前 208 年因农民起义军迫近骊山，秦二世才草草结束修陵工程，前后历时近 40 年。这是一项空前的超大型工程。

据《汉旧仪》记载，修建始皇陵时“凿以章程”，也就是说是按照一定的规划设计进行修筑的。李斯也说过此话。所谓“凿以章程”，便是施工设计图，古代称“兆域图”。这个兆域图目前虽未发现，从历史记载及考古勘探的情况看，秦陵陵园规模巨大，地面建设富丽堂皇，没有兆域图，营建宏伟工程是难以想象的。

问题在于：“兆域图”现存哪儿？有学者推断：营建秦陵的兆域图藏在地宫里。

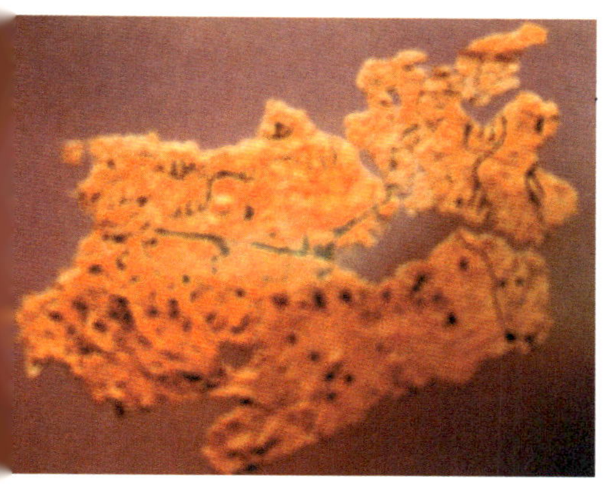

马王堆汉墓出土的三幅地图：《地形图》、《驻军图》和《城邑图》

20 世纪 70 年代，在中山国王陵考古发掘中，发现了有关王陵的兆域图铜版，这是目前发现的最早的关于陵园建筑的规划设计图。图上用金银镶嵌出陵园的平面布局，包括三座大墓、两座小墓和建筑物的位置、名称、尺寸和一段诏文。

那么，规模空前的秦始皇陵园，亦当有类似的“兆域图”，只不过目前尚未发现而已，这已成为众多专家学者关注的一个课题。

近四十年来，考古工作者勘探发现的秦陵内、外双重城垣、为数众多的陪葬坑、陪葬墓以及地宫的阻排水系统等，充分显示了当时的陵园建设绝不是盲目进行的，虽然目前还不能确切地说明陵园分布的规律。但是，现在以至今后的考古探索将把人们的认识引向更深、更高的水平，关于秦始皇陵园的规律性安排及布局将会被解析出来。

有一种说法：嬴政十三岁登基开始修陵，当时可能没规划，到了

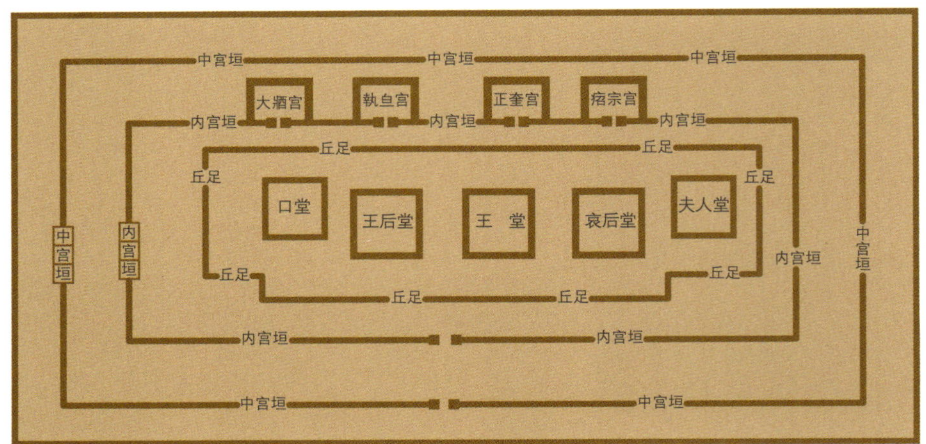

中山王墓出土的《兆域图》示意平面图

称帝之后才有严密的布局。

还有一种说法：并非一开始就有完整的设计图，因为历时近四十年，是逐年营造、逐年完善。

以上说法，似有所偏颇。

秦陵是秦国以及秦帝国的超大型工程，而且历时很长。古代修建王陵工程是国家的一号工程，大都是由相国主持的。如 1978 年在河北中山王墓出土的铜版“兆域图”铭文说，国君命相国“为兆乏（法）”，即指明了由相国主持陵墓工程的事实。

秦国继承了这一制度，秦始皇陵工程的主持人、督建者应是当时的相国吕不韦。这么大的工程不可能带有“即建即计”的随意性，一个中山王墓都有“兆域图”，巨大的秦陵不会没有“兆域图”。应该说，陵园开始奠基时就有一个总体设计图，也谓施工蓝图。对于陵园营造规模、具体样式等等，不仅有所规定、要求和计划，而且也包括着设计图样。没有这样的“兆域图”，施工是很难进行的。之所以需要有一个总体设计的“兆域图”，重要的原因就在于秦陵的营建时间长，经历不同的时期，主持人也不同。

据考古人员的研究分析，营建陵园前后分为四个阶段：

第一阶段，从选择陵址到秦王政九年（公元前 247 年～前 238 年），此为营建的基础阶段。吕不韦是秦始皇时代第一位相国，由于秦始皇继承王位时只有 13 岁，当时的吕不韦已成为秦国的实际执政者，秦始皇陵园工程正是在这个时候开始的，从陵园位置的选址到陵园的整体规划，从调配人力、物力到陵园的施工，作为陵园工程的第一位主持者，吕不韦显然起了重要的作用。在他任相国的九年时间内，为整个陵园工程的营建奠定了基础。

第二阶段：从吕不韦被罢官直到秦始皇统一中国（公元前 237 年～前 221 年）此为营建的调整阶段。秦始皇九年，长信侯嫪毐作乱，从《史记 · 秦始皇本纪》中关于秦始皇“令相国昌平君、昌文君发卒攻毐”的记载来看，吕不韦免相之后，仍有相国昌平君。昌平君之后，还有相国隗林、王绾相继任。根据当时相国主持陵墓工程的制度，这一时期当由相国昌平君、隗林、王绾主持陵园工程。主持者的更换，多少会影响营建的进展。

第三阶段：秦始皇统一中国后至二世继位（公元前 221 年～前 210 年）。此为扩建阶段。李斯是继隗林之后升任丞相的，《汉旧仪》说秦始皇“使丞相李斯将天下刑人隶徒七十二万人作陵”。说明李斯是修建陵墓的主要主持人。全国统一后，李斯以廷尉的身份参与了秦始皇建立和巩固秦帝国的一系列重大决策，所以在他任丞相之前可能就参与了陵园工程的主持，当他接任丞相后就正式主持了这项工程。在整个陵园工程的大规模营建和扩建方面，李斯起了重要作用。

第四阶段：秦二世继位至工程停工（公元前 210 年～前 208 年）。此为扫尾阶段。秦始皇死后，秦始皇陵工程并没有彻底完工。此时，二世继位，内政混乱，李斯被赵高迫害致死，显然修陵工程也换人主持。据《史记》记载，陈胜起义军进兵至戏水，少府章邯向二世皇帝奏曰：“盗已至，众强，令发近县不及矣。丽山徒多，请赦之，授兵以击之。”章邯此时应是陵园事务的负责者，二世批准他的奏请，修陵的刑徒被

"特赦"而编入军队，由章邯率领去和起义军作战，直至秦朝灭亡。此后秦始皇陵园的工程又进行了一年多才结束。

近四十年又更换多人主持修陵，没有一个总体规划的设计图能行吗？

再说，当时也是盛行图说实物的时代。比如1974至1978年在河北平山县战国中山王墓发现的铜版《中山王陵兆域图》，描述的就是中山王陵的具体布局。从图中的诏文得悉，此图是相国受王命设计，由主事的"官"绘制；规定明确，违反标准或不执行者则行之以法，罪连子孙；一式两份，一留现场施工，后藏地宫，一存于王府。由此可以推想，秦陵也必如此，执行者按图施工，不得擅自变更计划，要变必须报批。当时遇到障碍，"凿之不入"时，李斯马上据实报告秦始皇。在接到"旁行三百丈"的指令后，才修改原图再继续施工。

可以说，地图也是当时流行的。如1986年在天水放马滩发现的秦代木牍地图，绘制的是战国时代一地的地理状况。最为精彩的是马王堆汉墓发现的画在帛上的地图，据考古工作者研究后确认，其精确程度已经到了令人吃惊的地步，与今天的地形几乎可以丝丝入扣地对照。在撰写文字文献比较困难的时代，应该说使用图像似乎比较盛行；在文字文献已经足够的时代，人们仍然喜欢大量使用图像，因为图像表述空间最为实际、直观，不仅涉及具体空间物像，而且关涉描述者的位置、距离、方位，甚至关涉到描述者历史形成的观看方式，这是无可争议的"还原真实"。

出于大一统的雄心壮志和统一战争的需要，秦始皇非常注重地图。在统一六国过程中，每攻克一个都城，前方统帅就将都

马王堆汉墓出土的《引导图》

荆轲献图

城的建筑“写放”即描绘成图带回咸阳，仿照六国的宫城营建。所以，咸阳城和宫苑不断扩大增多。到秦始皇吞并六国以后，咸阳的宫苑向北扩大到了九嵕山下的高坡上，向南延伸到渭水岸边，接着又跨过渭水到了渭南。不过，秦始皇对“地图”的热衷，也因此惹出了一点祸。《战国策 · 燕策》记载的“荆轲刺秦王”的史事，说的就是荆轲假意向秦王献图，将匕首卷在图内，“图穷而匕首见”，欲刺杀秦王的故事。

再说，司马迁的祖先曾有多人在秦国为臣，司马迁的父亲司马谈又为汉王朝宫廷中的太史令。秦始皇地宫的构造虽属绝密，但秦皇宫廷中必有档案记录。因为《汉旧仪》指出秦陵地宫是按“章程”进行修建的，在后人看来，这个章程无疑就是施工图，这类图既在中山靖王刘胜墓中已有出土，想来秦时的设计图纸也应同此类似。

当年刘邦大军刚攻入秦国首都咸阳，刘邦就命萧何收“秦丞相御史令图书藏之”，因此汉王朝对秦始皇陵地宫的构造图应有所掌握。而当时的司马谈也完全有资格接触这些属于机密的史料。司马迁是继承父亲的遗志而作《史记》的，对这些机密史料同样可以比较详尽地了解。因此，《史记》中对秦始皇陵地宫的记载应当说是有“兆域图”作依据的。可以作这样的推理：“兆域图”一式两份，一份存于咸阳宫，一份留现场施工，后藏秦陵地宫。当然，此谜必有一天会真相大白！

24

阎立本的《历代帝王图》画了从西汉到隋朝的十三位帝王的画像，有开国帝王，也有亡国之君，唯独没有号称“千古一帝”的秦始皇画像。是漏画，还是编错了？秦始皇的画像在哪儿？难道——

地宫里藏有始皇写真雕像

拙作《秦始皇大传》中有一张秦始皇的彩色画像，系著名画家刘旦宅先生所绘，背面是著名历史学家周谷城的题词：“为《秦始皇大传》题——秦始皇统一中国二千二百一十周年。”

1989 年 3 月《秦始皇大传》正式出版时，笔者将样书送周谷城先生指教，他打开插页，一见秦始皇的彩色画像，便露出一脸喜色道：“这幅秦始皇画像，是懂历史的画家画的！”

笔者问：“根据什么？”

周先生说：“秦始皇崇尚黑色，画家将龙袍的主色调涂黑，算是高手之作，不过，人貌不敢妄评，因为史籍对秦始皇的形象没有准确的文字描述，也没有画像留存。从秦陵出土大量的兵马俑的风格来看，可以推测地宫会有写真的秦始皇雕像！”

笔者说了刘旦宅先生对此幅画像的构思。周先生说：“留着这幅画像，将来可以同地宫的秦始皇写真画像或写真雕像，对照对照，比较比较，看看你们的构思是否符合史实。”

跪射俑

笔者说："不知要到何时才能开掘秦陵地宫，这恐怕谁也讲不清！"

周先生说："不管何时开掘秦陵地宫，写真的秦始皇雕像或是画像必定留存里面。"虽然当时没有就此话题进一步展开，但周先生的一番启迪，让笔者打开了认识"地宫藏有秦始皇写真雕像"的思路。

秦代有写真的风格。秦陵出土的陶俑雕塑艺术的表现形式，给人的第一印象便是大、多、实。"大"是指实属世界上绝无仅有的大场面和大气派。"多"是指陶品兵马俑之多，有七八千件之众。"实"是指兵马俑具有写实性质，大致与真人、真马一样大小。那里出土的人俑一般在一米八十以上，现在已被证明地下留存两千多年的秦代古尸的确有那么高大。那精雕细刻、求真求实的雕塑技法，真让人叫绝！

看一尊跪射俑：右腿贴地，左腿抬起，右手弯曲于下腹，左手前伸微屈，面部表情专注，表现士兵正在练习射击的生动形象。看一件武将俑：头戴鹖冠，身穿长襦，胸、背套有铠甲，脚登翘尖履，双手叠压，像是拄着长剑。宽阔的前额，高高的眉棱，直直的鼻梁，八字撇的浓浓的髭须，整个面目表现出睿智威严的神态以及坚毅果断的性格。一尊尊秦俑，用力最多、刻画最精的是头部，诸如发髻、帽饰、眼睛、眉毛、鼻子、嘴巴、胡须，创造出感人的艺术魅力；千俑千面，展示了众多秦代军人的内心活动和思想性格。这充分说明，这些秦俑雕塑时必以人为"模特"。

御驾伴梓宫，静待辇銮出巡日。此为秦兵马俑军阵局部。

秦人对陶马的雕塑也是着力追求真实，秦俑坑中的陶马和铜车马的铜马，显得十分逼真和传神。马头方正，棱角显露；两耳短促，两眼大而有神，鼻大口宽，身体浑圆；腿部筋腱突出，四下开张，很有活力。这些活灵活现的陶马，还引出了一段趣谈。那是 1984 年 4 月，美国总统里根和他的夫人在秦俑博物馆参观时，下到一号坑，对着跃跃欲奔的马啧啧赞叹，里根摸了摸马屁股还风趣地问陪同的馆长："它会不会踢我？"馆长也幽默地回答："你是国宾，它不会踢的。"

由此可见，秦俑雕塑的写真，已达到相当细致入微的程度。跪射俑鞋底上的针脚，两头密中间稀，明显表现了生活中的真实状况。铠甲片的叠压，也是完全按照实物的排列雕出的。马的牙齿塑出 4 至 6 颗，正是马的青春期的实际情况。这一切说明，秦俑的雕塑艺术追求写真，不但形同，而且神似，给人以乱真的感受。由此可以想象，地宫的陶俑必是如同咸阳宫的布置一样。尽管那时还没有照相技术，但可以写真作画，把人或物描绘下来。《史记 · 秦始皇本纪》有载：秦始皇"每破诸侯，写放其宫室，作之咸阳北阪上，南临渭”。这里的“写放”就是写真、绘画。

1978 年 5 月 15 日，笔者在“二十四史”标点出版后采访了顾颉刚先生，言及秦始皇修筑长城及孟姜女哭倒长城故事时，顾先生诙谐地说：“孟姜女和秦始皇是冤家对头，一个要修筑长城，一个哭倒长城，也是对立统一。不过，这两个相差三百多年的人扯在一起，是不协调的，也是没有说服力的。再说，长城起防卫作用，长城哭倒了，不是又要征调民众去服劳役了吗？”尽管是一席笑话，但给笔者一个启迪：要用历史唯物主义的观点来看待。在讲到秦始皇的人貌时，笔者说：当时又没有照相机，单靠文字描写是难以想象人貌的。顾先生马上订正说，尽管没有照相机，但帝王身边有画师，相当于如今的摄影师。当即讲了一则有趣的“争贿画师”故事，说的是汉元帝身边有一个名叫毛延寿的画师，善画人物。汉元帝命毛延寿为后宫佳丽画像，然后依画像择宠。为此，后宫争贿毛延寿，希望把自己形象画美。唯独王昭君清高不肯行贿，所以进宫后从未得幸，直到王昭君盛装打扮赴匈奴和亲，告辞之时，元帝才发现王昭君之美，后悔为时晚矣。元帝因此而杀了毛延寿。讲了这则故事后，顾颉刚先生说，这里至少说明两点：一，帝王身边有画师，二，画师善画人物，且是写真画。汉承秦制，元帝能如此，秦始皇更是如此。他每攻下一个都城，就要把这个都城的宫殿描绘下来，将图带回咸阳仿建一座。对于常为他所思念的人，也必有画像留在宫中，如秦始皇怀念韩非，估计会请画师绘韩非的画像，也许还会将韩非老师荀子的画像挂在宫中。

颉刚先生说：那时没有摄影师，但有画，秦始皇令画师绘画自己所思念的人，韩非等，并挂在宫中。

其实，画像留念是先秦时期盛行的一种传统。先秦时各国诸侯以及诸子都善用图像来宣传自己的政治主张，或以图像安民告示，或以图像表明寄托，或以图像歌功颂德。当时的图像相当盛行，孔子就看到“四门有象”的情景。《孔子家语》中有生动的记载：“孔子观乎明堂，睹四门墉有尧、舜之容，桀纣之象，而各有善恶之状，兴废之戒焉。又有周公相成王抱之负斧扆南面以朝诸侯之图焉。”《孔子家语》虽是后出的书，所载之事未可尽信，但有关先秦图像的事实记载入情入理，颇为可信。《韩非子》书中也提及晋文公用“书图”记录忠臣，展于庙堂，以示褒扬。《战国策》也有“铸诸侯之象”的记载。雕塑已经如此发达，可以想见图像之规模。

除了先秦以及秦当代有雕塑写真的艺术手段外，秦始皇也有表现自己的强烈欲望。秦始皇本人对人物雕塑有一种特别的酷爱。《史记》记载，秦始皇统一六国后，为防止原六国残余势力的死灰复燃，命令收集天下原六国的兵器，照人的模样铸成十二铜人。《西京杂记》记载说咸阳宫中还有复铸铜人十二尊，“坐者高三尺”，“俨若生人”。除此之外，秦始皇还为其他人塑像。据《水经注》、《山堂肆考》载：陇西郡守阮翁仲，是交趾人，即今天岭南地区人。他身高一丈二尺，气宇轩昂，透出一股与常人不同的气质。曾在县里做过小官，因为受到督邮的鞭打惩罚，立下大志。“秦始皇并天下，使翁仲守临洮，声震匈奴”。阮翁仲死后，秦始皇专门为他铸造了一尊铜像，立在咸阳宫司马门外。传说，匈奴人听到他的名字，闻风丧胆，见到他的铜像，仍要跪地称王。秦始皇为阮翁仲铸像纪念的事迹流传于后世，唐代韩愈有“翁仲遗墟草木平”的诗句，这里的“翁仲”指的就是当年塑立在咸阳宫司马门外的阮翁仲铜像。

秦始皇非常喜欢张扬自己的帝王之威。他出巡时，每次通过咸阳城的街道时，总允许人们夹道观看，任人瞻仰。当年汉高祖刘邦曾在咸阳服徭役，他就目睹了秦始皇出巡队伍的隆重仪仗和秦始皇本人的威严神态。刘邦观后，不禁叹息说："嗟乎，大丈夫当如此也！"秦始皇游会稽时，项羽和项梁都站在道旁观看，项羽还站在众人队伍中说了句"彼可取而代也"的大话。

历代帝王也有写真像留藏地宫的习俗。目前所知的有四川广元皇泽寺的唐代圆雕"武后石刻真容像"及前蜀皇帝王建石像。前者置于寺庙之中，后者出于帝王本人的陵墓之中；前者雕刻手法僵硬呆板，后者生动传神。无论从雕刻风格与雕刻技艺来讲，王建石像堪称中国雕塑史上手法最为细腻、技巧最为娴熟、表现力最为传神的一尊写真雕像，无愧为国之瑰宝。

王建为何要在自己的墓室中安放一尊本人的写真雕像呢？这得从秦汉以及隋唐五代"写貌"绘画艺术的兴盛与当时流行的丧葬习俗谈起。

"写貌"是中国古代非常流行的一门画科。所谓的"写貌"，就是人物肖像绘画。当时上层社会中非常流行为真人画像，这种写实主义绘画艺术的发展，必然影响到被称为立体绘画的雕塑艺术。所以反映在秦俑的雕塑上，写真风格雕像的出现便绝非偶然。由此，人们推断，在地宫里会收藏秦始皇的画像或是秦始皇的写真雕像，这完全是顺理成章的事。

至于王建在自己的陵墓中安放其本人的真容雕像，乃是五代十国时期川西地区非常流行的一种葬俗。有学者研究认为，墓主人生前为自己建好陵墓后，在封闭之日按照宗教习俗放入墓主人的石雕造像（或用其他材料制成），即所谓的"石真"，用以在生墓中替代仍活在阳世的墓主，其目的是祈求仍活在阳世的墓主长寿平安。王建石像应是王建生前为自己营建好寿陵之后放进去的，其目的无外乎是保佑王建健康长寿，这是道教文化对丧葬习俗的影响。

将军俑

据五代人孙光宪《北梦琐言》记载，王建曾将巫山高唐观道士黄万户接进宫中参与遴选太子。而王建死后的葬事，主持者之一就是著名道士杜光庭。在遴选太子、营葬皇帝这样的国家大事上，都有道士参与决策的身影，前蜀崇道之风可谓空前绝后。王建父子如此崇尚道教，道教思想中的“替身”、“石真”观念，或许就是其永陵墓室中出现墓主石像的缘故吧。

一般说来，中国古代艺术创作有两种方法：一为浪漫，二为写实。中国古代浪漫的艺术作品不少，如半坡的人面鱼纹就是一种，殷周的青铜器上雕刻的夔龙、蟠虺等都属这一类，它们表现一种追求和威力。写实的作品却在秦俑中大量存在，它们直接表现自己的理想和想象。因此，秦俑一出土，使人耳目一新，立即引起世人瞩目，不少秦史研究人员还从中推测在地宫中会有秦始皇的写真雕像。

那么，秦始皇的相貌怎样呢？近年来，有关秦始皇的影视片不断推出，秦始皇的形象各异。受众者疑惑不解：是英武潇洒，还是身形猥琐？陕西历史博物馆研究员张铭洽说，秦始皇的相貌究竟长得怎样，谁也没有见过，难以有定论。但影视作品塑造人物时一定要注意一个人的外在形象是其内在性格的外化。根据秦始皇的种种性格分析，他认为，想象中的秦始皇的相貌应该是身材高一点，体态瘦一点，眼睛深一点，眉毛长一点，鼻梁高一点，腮帮突出一点。

关于秦始皇的相貌记载甚少，这给文学作品和影视创作留下了很大的余地。不过，特定的情感经历会改变一个人的外在形象，像秦始皇这样有非凡帝王经历的人，不论身材威武还是身形猥琐，在五官表情上肯定有其特殊之处。阎立本的《历代帝王图》画了从西汉到隋朝的十三位帝王的画像，有开国帝王，也有亡国之君，唯独没有号称“千古一帝”的秦始皇画像。这究竟是为什么？清华大学美术学院杜大凯教授解释说，自西汉推崇“罢黜百家，独尊儒术”以来，各朝代一直以儒家思想为正统，而秦始皇在历史上焚书坑儒，极端反对儒家思想，历代一直对秦始皇持否定态度，这可能是阎立本没有画秦始皇像的原因。

有的认为，阎立本擅长绘画，特别长于刻画人物神貌、笔法圆劲，气韵生动，其中《太宗真容》、《秦府十八学士图》、《凌烟阁功臣二十四人图》，图绘唐太宗李世民及众臣，形象逼真传神，是当时名作，时人誉之为“丹青神化”。还有其他的历史画卷都失传了，估计秦始皇画像不是失传，就是编辑的人错编了。

有的认为，秦始皇当时一直隐秘自己，“复道甬道相连”，“自谓真人，不称朕”，人貌莫知，难以绘出秦始皇相貌特征。

秦始皇是已经辞世两千多年的古人。他的形貌究竟怎样，现在，确实谁也讲不清，历史毕竟真实发生过，现在只能用科学的推理方法去逼近真相。

那么，后人推演秦始皇的画像有什么依据？清华大学美术学院薄松年教授介绍，《历代帝王图》中凡开国之君都被画得威武刚毅，仪表堂堂，气度不凡，后人也难以跳出这个模式。很有可能根据晋武帝司马炎的画像推演出秦始皇挺腰站立、嘴角紧闭、双目有神的仪容。

把历代开国帝王都画成方脸、高鼻、垂耳，生来一副帝王之相，这带有迷信色彩。画像只是一件艺术的真实，而并不是还一个人的真实面目。特别是帝王像，包含了画像者的个人想象力和艺术概括力，还反映出一个时代对这个帝王的褒贬评价。对于秦始皇的相貌，人们多依尉缭批评秦始皇的话语来描绘。《史记 · 秦始皇本纪》中尉缭把秦始皇说成“为人蜂准，长目，挚鸟膺，豺声，少恩而虎狼心”。以往

二十年前，笔者与刘旦宅（右）先生讨论秦始皇形象画。

不少画家和舞台设计者正是根据尉缭的这些评论来勾勒秦始皇形象的。郭沫若先生据此分析说，秦始皇有生理缺陷，蜂准就是马鞍鼻，挚鸟膺就是现代医学的“鸡胸”，豺声表明气管炎；其胸形、鼻形变异与气管炎常发显示他是个软骨病患者。影片《荆轲刺秦王》导演选中演员李雪健扮演秦始皇，给观众留下了一个身形猥琐、身体孱弱的形象，很多观众都不认可。

笔者认为，不认可“身形猥琐、身体孱弱”的形象，是有其道理的。据郭沫若考证，“长目”疑当作“马目”，以“马目”来形容其眼球突出。如此看来，“蜂”、“挚鸟”、“豺”、“虎狼”等皆为动物兽类。这完全是尉缭出于愤慨对秦始皇的丑化，其长相并非真的如此。正如今人在愤怒之时骂人是“猪狗”一般，并非被骂者的长相真的像猪狗。秦始皇是北方牧民的后裔，典型西北大汉，体形应该是伟岸的，秦始皇的母亲是赵国的美女，能歌善舞，有倾国倾城之姿色，根据现代遗传学说，秦始皇必有其母之遗传因子，其相貌也应该是英俊高大的。

著名画家刘旦宅先生对秦始皇的外部形象也作过一番考证，所得的结论同笔者的看法一致。应该说，秦始皇是一个高大魁梧、英武潇洒、相貌堂堂的人。翦伯赞先生曾推断，秦始皇的相貌应是相当漂亮的。刘旦宅先生为拙作《秦始皇大传》所作的一幅扉页画，画面上的秦始皇形象丰满，高大魁伟，神采奕奕，与世俗认可的帝王之相十分吻合。

孰是孰非？当以地宫画像或雕像见分晓。

25

秦朝大驾属车 81 辆，西汉乘舆大驾有车百余辆，规模与秦代相近，也是良马万匹，气势浩荡，天下无双。秦始皇陵出土的青铜车马，不仅让世人一睹这位“千古一帝”乘舆的华贵，而且从制造工艺推测，陪葬的秦陵铜车马是批量制作的，埋于地下的——

秦陵铜车马不只两乘

站在被称为“青铜之冠”的秦陵铜车马前，那中规中矩的车辆、栩栩如生的御官、活灵活现的骏马以及那泛出古旧的青铜色，似在诉说它们的两千多年的历史。

健硕的八匹铜马，四腿如柱，两耳前倾，双目如铃，鼻翼微动，似在整装待发。

御官英姿雍容，双手紧握辔绳，正襟危坐，神情专注，毕恭毕敬，似以御这样豪华的御车而窃窃自喜。

许多学者专家无法想象——秦始皇在创造这样庞大的军阵的同时，竟然也能造出这样精美的铜车马。

秦始皇陵铜车马是在秦兵马俑发现六年之后的 1980 年发现的。最早发现这一国宝的是考古工作者杨绪德。当时，他正在离秦陵封土 20 米左右的地方钻探，凭着多年的考古经验，杨先生推断地下有“宝”，猜着想着，突然发现从 7 米深钻探带出的泥土中有一个手指大

秦陵铜车马一号车

的“金泡”。当他将“金泡”交给现场指挥程学华时，程学华激动得手微微发颤。他预感人们上下求索、苦苦寻找的铜车马找到了。

秦陵铜车马出土，共有两乘。经复原后，其大小约为秦时真车、真马的一半。铜车马全部用青铜制成，车马上配有大量的金银饰件。铜车马一经亮相就轰动了世界。当年秦始皇正是使用这种车马行驶在各种专用道路上，既有直道，又有驰道和甬道。

一号铜车马为双轮、单辕结构，前驾四马。通长2.25米，车高1.52米，车辕长1.834米，舆广0.74米，进深0.485米。呈横长方形，有圆形车盖，前面与两侧有车栏，后面留门以备上下。车舆右侧置一面盾牌，车舆装备有铜弩、铜镞、铜盾等。车上立一圆盖伞，伞下站立一名铜御官俑。其名叫“立车”，又叫“戎车”、“高车”，乘车时立于车上。在皇帝的车队中用以开道、警戒和征伐，相当于如今的贵宾车队中的开道车。

立车上的御官俑

秦陵铜车马二号车

二号铜车马是四马鞍车（即坐乘的车），显得更为豪华，车通长3.17米，高1.062米，舆广0.78米，为凸字形，分前、后二室，其间以车相隔，车舆上有穹窿形的椭圆形篷盖，车厢分前后两部分，左、右、前三面各有一窗，后有门，门窗可灵活启闭，前室为御手所居，内跽坐一御官俑，后室为主人所居。古称“安车”，又叫“辒辌车”。

两车皆双轮、单辕，由四马驾车，挽具齐全，有的用金、银装饰。车通体彩绘有卷云纹、云气纹和几何纹图案。车、马、俑部件均由铸造成型，再经多种工艺加工和组合，其饰件的金银细作工艺十分精湛。铜车马完全仿照秦时御用真车的形制仿制而成，严格写实，一丝不苟，结构完整，装饰华丽，是研究秦代舆服制度、单辕车系驾方法和冶金铸造技术的重要实物。专家们认为，这是中国考古史上发现的最早、体形最大、保存最完整的铜制车马，对研究秦代车辆结构、冶炼与机械制造技术等具有极其重要的历史价值。

安车上的御官俑

雕铸技艺书难表，搜尽珠玑总觉轻。此为铜车马骖马头。

被誉为“青铜之冠”的铜车马让人们一睹始皇帝銮驾的非凡风采。据考证，这铜车马正是按秦始皇出巡车队中的五色立车与五色安车组成的“副车”所造，从车马大的结构形式到细微末节的塑造都追求真实。前辆为立车，后辆为安车。立车相当于今天的开道车，安车即为銮舆。在一号车马的开道保驾下，那乘坐着“千古一帝” 圣驾的豪华安车随后而至，很自然令人想象当年秦始皇出巡的壮观场面。

铜车马设计之精巧、工艺之高超，无以伦比。有谁能够想象得到2200年前的秦王朝能够制造出如此精美的铜车马。人们在震惊之际，在遥想当年秦始皇驾车出巡天下盛况的同时，很自然会发出这样的问题：铜马车为什么会埋在陵西？

秦兵马俑位于秦陵东侧1500米之处，而铜马车埋于陵西20米。这是为什么？这里可从如下三个方面来认识。

首先，秦陵陪葬铜马车，表明秦人对车马的爱好和重视。车马在古人心目中是崇高的，因为“行天莫如龙，行地莫如马”。历代帝王对车马更是宠爱备至。无论出巡、征战，非车马难行。秦始皇统一中国后，对周以前的车舆制度进行改革，形成了一套卤簿制度。所以说，秦陵陪葬铜马车，这也是秦王朝的卤簿制度的真实反映。何谓“卤簿”？一般解释为“仪仗队”，实际上，“卤簿”所涵盖的内容比仪仗要丰富得多。卤簿是专门也是直接为帝王的重大活动服务的。蔡邕在《独断》中记述：“天子出，车驾次第，谓之卤簿。”汉应劭《汉官仪》解释：“天子出车驾次第谓之卤，兵卫以甲盾居外为前导，皆谓之簿，故曰卤簿。”“卤簿”的“卤”在古代是“橹”的通假字，意思是“大盾”。从盾的防护意义引申为对帝王的防护保卫措施，包括武器装备和护卫人员的有组织的行动，即“车驾次第”加上“兵

铜车马上伞杠

卫以甲盾居外为前导”。“卤簿”的“簿”就是册簿的意思，就是把“车驾次第”和保卫人员即装备的规模、数量、等级形成文字的典籍。明代张岱在《夜航船》中作了这样的解释：“车驾出行，羽仪护导，谓之卤簿。卤，大楯也，所以捍蔽；部位之次，皆著之于簿。五兵楯在外，余兵在内。从大楯领一部之人，故名卤簿。”质而言之，宫廷的交通工具按照身份的不同严格划分，等级森严，不可逾越。各朝帝王所用卤簿不同，秦朝大驾属车 81 辆，分列大驾左右，一方面显示着浩荡的气势，另一方面掩人耳目，起着护卫作用。

其次，秦陵陪葬铜马车，彰显秦始皇对铜车马的纪念。一统天下的秦王嬴政，对车马有着深厚的情感。虽然只有 15 年的施政之路，但在这 15 年里，他“定四郡、改官制、书同文、车同轨、度同衡”，继而又筑长城、穿骊山、建阿房。秦始皇由此结束了诸雄纷争的历史，一个庞大的“中央帝国”走上了自己漫长的集权道路。在经历无限荣光的同时，也正是这个期望“二世三世，至千万世，传之无穷”的始皇帝巡游时车马的荣耀，吸引了项羽和刘邦的目光，还有博浪沙“大铁椎”的重击。秦始皇每一次出巡都是在这种豪华精美的车辆中度过的。这些车马带给秦始皇荣耀和安全，最后也拖着病死的秦始皇“秘不发丧”，这些车马真可谓是与秦始皇“生死相伴”。据考证，秦铜马车在秦始皇在世时就已经造好了。

再次，秦陵陪葬铜马车，也表明秦始皇帝的占有欲。当秦王嬴政称帝后，其权力高度集中，其礼仪规格突破惯例，猛升至最高规格。中国古代以车马为主人陪葬的殉葬制起源很早。初为“涂车”，即用泥做的车，后来“鸾车”陪葬，据考古发掘资料，“鸾车”就是真实车马。在当时“灵魂不死”观念的支配下，人们认为，人活着是在“阳世”，灵魂与肉体是结合的；人死去后，其灵魂不再依附于肉体，要

铜车马车窗的彩绘纹饰

铜车马车骑上的彩绘纹饰

出走到“阴世”去。因此，营造陵墓即为灵魂构筑好的居所。秦始皇生前喜爱的物品要带入地下继续为他使用，能带去的尽量带去，多多益善。秦始皇是个奋发图强的帝王，“无时休息”，他的灵魂随时要出行，没有交通工具是寸步难行的。铜车马的陪葬，正是供秦始皇灵魂继续享用的“上乘之舆”。在统一中国的征战中，他经常骑着战马四处驰骋。在史书的记载中说他有七匹著名的骏马，而且每一匹马都有形象美好的名字：追风、白兔、蹑影、追电、飞翮、铜雀、晨凫。从这些马的名称上就能够想象出秦始皇所喜欢的马肯定是剽悍劲健、奔速如飞似电。秦始皇的这些心爱的骏马，估计以雕塑或壁画的形式在地宫里日夜陪伴着。而拖着始皇遗体返回咸阳的那辆真车，也许作为随葬品带入地宫。

秦陵陪葬铜车马，既与秦朝舆服制度有关，也与秦始皇的权力占有欲有关。可是，铜车马为什么埋在陵西呢？

对此，秦俑博物馆副馆长田静研究员在《大秦一统：秦铜车马》一书中作了这样的解释：“这与秦始皇陵园的建筑布局有关。根据考古钻探和调查资料可知，秦始皇陵是坐西面东的。陵墓在左边是大型寝殿和便殿的建筑区。陵西的内城与封土之间有 袝葬坑、铜车马坑。陵西的内外城垣之间由南向北依次有马坑、珍禽异兽坑，以及园寺吏舍的地面建筑。陵的东侧是大型的兵马俑坑。古代都城的建筑布局是前朝后寝，左祖右社。秦始皇陵的建筑布局是模拟都城建筑的。地宫象征着咸阳宫，内城象征着皇宫，外城象征着外郭城。皇帝的府葬以及舆马必然要在宫廷之后，而不会在宫廷之前。”

采访秦俑博物馆副馆长田静研究员后留影

这番解释，言之有理。在同田静研究员讨论秦陵铜车马的制作时，笔者认为，如今出土的铜车马，不是秦陵铜车马的全部，也许在其他方位还埋有铜车马。田静研究员认同此说。若在其他方位出土秦陵铜车马又该如何解释？笔者认为，秦陵铜车马还有不少，其理由有三：

其一，从秦陵铜车马的制造工艺来看，是批量制作的。兵马俑坑出土的陶马分为四腿、躯干、头、尾、双耳、飞鬃等部件，分别制成预制件，然后拼装组合粘结在一起。据此，田静研究员推测：铜马的制造也应是分成若干部件分别制作，然后利用嵌铸法连成一体。“铜马的头、尾、耳等部件，可能也是单独铸造，然后接铸在马体上。”马铸造成型后，把外表打磨光滑平整，至今马体仍留有清晰可见的锉磨痕迹。铜车马的制作工艺尽管复杂，但秦人对铜车马的设计、制造具有不凡的品位，当时使用了铸造、嵌铸、包铸、焊接以及各种各样的机械连接、机械加工等工艺技术。对金属的切削、锉磨、抛光、铆接、弯曲等不是简单工具所能解决的。有的学者就认为，秦代工匠已经发明和掌握了一些较为复杂的高级机械、车床等技术。因为秦俑坑中发现的数以万计的青铜兵器，几何体对称，表面光洁，锋刃尖利，显然是经过机床等工具切削加工，才会生产出标准化程度那么高的产品。据称，其水准“几乎不亚于今天许多复杂的机械制造”。由此一系列配套的制造工艺以及秦人的卓越智慧，完全可以推测，铜车马是批量“生产”的，绝不只是这两辆，应该还有不少，若按“色上黑，度以六”之令，估计铜车马起码在六辆以上，或六、十二、十八等与“六”相应之数。

其二，从当时青铜材料的储量来看，完全有实力批量制作。当时收兵器于咸阳，除了铸成十二金人之外，还作为营建骊山墓的材料。青铜材料是保障供给的，尽管如此，设计和施工人员也是十分注意节约用材的。制造工艺上使用内、外范，其目的就是为了节材，马腿胫部的胎壁较薄，厚度为 0.2 ～ 0.7 厘米，股部的胎壁较厚，如左骖马股部壁最厚处只达到 1.2 ～ 2.5 厘米。如此空心就可节约大量的铜材，以制作更多的铜马车。每辆用铜量在 1500 公斤左右，若制六辆才不过 1 万公斤。战国曾侯乙墓出土的青铜总重量就达 1.05 万公斤，统一六国后收缴天下兵器铸成金人十二，计有 45 万公斤。据统计，当时的铜总量不低于 1000 万公斤。

铜车马上的铜盾

其三，从秦始皇的个人性格和贪欲来看，是追求炫耀气势的。秦朝大驾属车 81 辆，西

"布皇威，安帝魄"。此为秦王出行仪仗车队图。

汉乘舆大驾有车千余辆，属车规模与秦代相近，也是马万匹，气势浩荡，天下无双。秦始皇完成天下一统之后，那种贪婪恶欲无限膨胀，才出现了史无前例的兵马俑军阵、最大的青铜车马。刘邦和项羽都曾看到过秦始皇的銮驾，并且倾慕之情溢于言表。一个说"大丈夫当如此！"一个说"彼可取而代焉！"这些感叹，正是秦始皇车马礼仪所带来的效果。现在所见的秦兵马俑不是秦陵兵马俑的全部，所见秦陵铜车马也不是秦陵铜车马的全部。秦始皇也是非常诡诈的，秦陵铜车马多置几部，分散陪葬，便于始皇帝的灵魂出巡，又有利于安全保密。铜车马多了，一方面显示了帝王的威风和气势，另一方面也是皇帝的自我保护措施。在博浪沙遭狙击时，就是因为属车众多又华丽，使得刺客眼花缭乱，一时分不清楚秦始皇究竟乘坐在哪辆车上，致使行刺失败。巨大的惊骇让秦始皇铭记在心。为了显示帝王的权势、荣耀以及安全，同时也为死后安排厚葬，按照生前的享受来设计地下的陪葬，在设置上，考虑众多属车的陪葬并非不可能。

秦陵不仅仅只有两乘铜车马，已为多位学者所认同。正如张仲立先生所言："现在看到的秦陵一、二号铜车马还不是秦陵铜车马的全部，类似这样的金属车马至少还有几辆。这使得秦陵的车马坑具有了任何车马坑都无法与之相比的规格和特点。"

随着考古的深入，必定会证实以上的推测。

26

《史记》有关项羽“掘始皇帝冢，私收其财物”的说法被后人演绎出多种版本，而且越演绎越悬乎。《水经注》称，项羽派30万大军挖掘始皇陵，搬运了30天，最终也没能运完地宫中的宝物。这可能吗？这就要想一想，也可说猜想一番，猜想具有一种特殊的洞见力量，能够明白——

项羽盗掘过秦陵地宫了吗？

中国古代的帝王陵园，在历史进程中或多或少地都遭受过自然和人为的破坏，尤其是在改朝换代的战乱时期。它们有些是疏于管理而自然凋敝，有些则纯属人为的劫掠。

根据古代文献的记载，秦始皇陵园在秦末农民起义时期，曾遭受到大规模有组织的焚毁和劫掠。《史记》和《汉书》中都记录着相同的事件：西楚霸王项羽攻入咸阳后，出于报复心理，纵兵“燔其宫室营宇”，焚烧破坏了陵园建筑及相关陪葬坑，并纵兵盗掘和洗劫了始皇陵。

秦陵曾遭受大规模有组织的焚毁和劫掠，这是毫无疑义的，考古工作者在多年的发掘中，已发现了一些相关的痕迹。如他们在部分陵寝建筑和陪葬坑内，都发现了有明显的人为盗扰和焚烧的迹象，这种痕迹在兵马俑一、二号坑中表现得特别明显。因此，多数学者认为，秦始皇陵园的第一次大规模被破坏应是项羽所为。

秦陵地宫猜想

项羽像（选自《历代古人像赞》）

近年来，随着考古工作的广泛深入，一些学者也提出了与此不同的观点。秦陵考古队的刘占成研究员，针对秦俑坑的发掘迹象提出了六点推断：

第一， 俑坑顶部棚木完整，没有零乱和折断的现象；

第二， 俑坑门道封门遗存完好，未发现大队人马进坑的入口；

第三， 倒斜的兵马俑多为坑顶塌陷造成，不见人为推倒或蹬翻的情况；

第四， 兵马俑身上没有打击点，与项羽大军入坑打砸情景不合；

第五， 没有发现破坏者零乱的足迹；

第六， 坑内兵马俑的移位和缺失，没有想象中那么严重。

有鉴于上述推断，刘占成先生认为，秦始皇陵园的破损状况不应该是项羽军队有目的有组织的破坏。

此外，还有学者另辟蹊径，认为陪葬坑中的火烧痕迹，可能是完工后的一种“燎祭”仪式，根本与人为焚毁无关。

当然，以上各种观点都缺乏直接的证据。西楚霸王项羽能否摘掉这顶破坏人类文化遗产的“帽子”，还有待考古学家进一步的努力。

陪葬着无数珍宝的地宫，无疑是盗墓者垂涎三尺的聚宝盆。但秦陵地宫被盗掘，则多属推测。据有关人员统计，在中国已知的数百座帝王陵墓中，绝大多数都历经盗掘，有些陵墓的封土上，密密麻麻地遍布着数十乃至上百个盗洞，令人触目惊心。民国时期的军阀孙殿英对清东陵的武装盗掘，只不过是乱世劫掠帝王陵墓的最昭著的一个实例！

根据古代文献的记载和流传甚久的民间传说，秦始皇陵在历史上

项羽盗墓图（选自明刻本）

至少经历了五次大的浩劫。

其一，是《史记 · 高祖本纪》中的记载：秦末项羽军队进入咸阳后，纵火焚烧了秦宫室，还“掘始皇帝冢，私收其财物”。这一说法影响至深，后代又据此演绎出多种版本，而且越演绎越悬乎。比如北魏郦道元《水经注》中称，项羽派 30 万大军挖掘始皇陵，年轻力盛的士兵一连搬运了 30 天，最终也没能运完地宫中的宝物。晋代王嘉《拾遗记》中却说，始皇陵被挖开后，一只金鸟从中飞出，后被人捕获，日南太守张善博学多识，考证后认定是秦始皇陵中的物品；唐代李亢《独异记》中也说，项羽打开了始皇墓，探取墓中珠宝，费尽心力也未能取尽，有金雁飞出墓外，结果被一个网鸟的人捕获。

其二，是《汉书 · 刘向传》记述的一个故事：一个牧童在放羊时，有一只羊陷入墓穴中，牧童持着火把入内追寻，不慎烧毁了地宫内的棺椁。在后世的《水经注》和《三秦记》中，更渲染说那把牧童燃烧起来的大火，直烧了三个月仍不熄灭。

其三，西汉末年，绿林赤眉起义，关东义军攻入关中后，挖掘了始皇陵，熔铜椁以取铜铸造兵器，还在墓中发现有水银。

其四，十六国时期，后赵石虎为获取宝物，派人盗掘历代帝王陵，始皇陵当然也难于幸免。他们从始皇陵中挖出铜柱，熔化后用以铸器。

其五，是明代都穆《骊山记》所说，唐末黄巢起义军进入唐都长安城后，曾派兵挖掘过始皇陵。

经过缜密的考证，多数学者对上述记载和传说都提出了质疑。

首先，是对“项羽盗墓说”的质疑。此说源于楚汉相争时刘邦声讨项羽的檄文，考虑到当时的政治背景，檄文多具宣传性质，其指摘的内容本不足为凭，而后代演绎出的30万人搬运了30天之说，更加不符合事实真相。至于《拾遗记》和《独异记》等志怪小说所记金雁事，则只能视之为荒诞的传奇故事。

其次，是对“牧儿失火说”的质疑。此说也经不起推敲。秦始皇陵地宫深达数十米，即便能够进去，在缺氧的环境下也不可能点着火，更不用说烟火三月不绝了。史书有关“牧儿亡羊，羊入其凿，牧者持火照求羊，失火烧其藏椁”的记载，显然只是小说家的一种想象，不足为信。因为牧羊失火之事发生于项羽盗掘之后，而此时西汉政府曾派专人守护秦始皇陵，哪容牧羊人随便闯入？所以，这纯属一个编造的故事。

再次，是对“西汉关东义军挖铜柱说”的质疑。从战乱的背景看，不排除盗掘的可能性，但此说语焉不详，也许铜柱并非地宫所藏，而是地面之物。历代的史书中虽有秦始皇陵屡次被盗的记载，但也有不少史书对这些记载持否定态度，认为不可信之。 之所以会出现秦始皇陵屡次被盗掘的记载，是因为《史记》中有关秦陵地宫中金银财宝的记述，引起了盗墓者的觊觎，也引起了人们的一些猜测，便出现了各种各样的附会。

第四，是对“石勒、石虎盗墓之说”的质疑。这也缺乏真实性。石虎，是后赵的国君，其统治地区位于河南、河北一带，不可能长驱直进到陕中去掘秦墓。再说，石勒、石虎生活荒淫、奢侈，连赵简子的墓都没有办法盗成，又怎么能轻而易举打通了坚如磐石的秦陵地宫？

第五，是对“唐末黄巢起义军盗墓说”的质疑。史书有关农民起义军盗墓的记载颇多。之所以会出现这种情况，是由于这些史书都是官方文人所写，他们对义军恨之入骨，因而记载中多有诬蔑不实之词。可是，《旧唐书》和《新唐书》的《黄巢列传》均不见记载。如果这些起义军盗墓，必然留下大规模盗掘的痕迹，但今天的考古工作者在封土堆上找不到被盗掘的痕迹，虽在封土堆的西面和东面各发现一个盗洞，但都是直径只有 1 米，深只有 9 米，而且这些盗洞根本未深入地宫之内。

当然，也不能排除历代有许多人欲在此进行盗掘的事实，但从现在的情况来看，似乎都未成功。有关盗墓轶闻甚多，在此不展开，只讲一点：盗墓在历史上不仅不光彩，也是不容易的事。盗墓多为夜深人静时实施，一般都为两人合作，一人在上面警戒、运土，一人在底下挖掘。若墓较大较深，一晚挖不完，就把挖出的土做成新坟等假象，把盗洞口掩好，待第二或第三晚再来继续挖。即使已到墓底，底下的人总是说还深呢，让上面的人放心。盗出文物时，也总是把不太重要的先递上。上面接的人问还有吗？下面的人说：还有不少。珍贵的东西总是揣入怀中最后拿上来。若将珍贵文物先递上来，上面的人可能会见财起贪心，或把东西席卷而走，或将下面的人趁出洞之时击死，并顺手推入盗洞中，并掩尸灭迹，这是盗墓中常有的事。故此，盗墓搭档多为父子两人。人多容易因分赃不均而引起残杀。据此，有的专家认为，被盗之墓往往没有盗空，或是难以被盗。

屹立在骊山渭水间的秦始皇帝陵，默默承受了两千余年的风雨侵蚀，饱经战乱时期的种种劫难，依然固守着这个人类历史上最大的谜团。正如清代文人袁枚《始皇陵咏》中所说："生则张良椎之荆轲刀，死则黄巢掘之项羽烧；居然一抔尚在临潼郊，隆然黄土浮而高。"

谭其骧教授说：对于文献也不能迷信，有史书说，秦始皇地宫被盗空了。30 万人搬 30 天。这可能吗？这就要想一想，也可说想一番，猜想具有一种特殊的力量，不仅创造，而且能洞见。

在历代文献和传说中，项羽是秦陵地宫的主要盗掘者。对此，只要联想一下，便可明晰。1978 年 10 月 10 日，我访问了复旦大学谭其骧教授，他也是我的大学老师，说起话来毫无拘束，他联系《中国历史地图集》成功编绘的感受说（见《文汇报》1978 年 10 月 17 日）：为了搞清一条线、一个点，往往要花上几天功夫，查阅数十种文献资料。图中的点和线，不是想当然的，而是要经过缜密的考证之后才能下笔的。他还说："对于文献也不能迷信，有的史书说，秦始皇地宫被盗空了。30 万人搬了 30 天。这可能吗？这就要想一想，也可说猜想一番，猜想具有一种特殊的力量，不仅能创造，而且能洞见。"

关于项羽发掘秦始皇陵墓一事，民间故事的说法也不尽相同。

一个故事说，公元前 206 年，项羽入关后，命英布去盗秦始皇墓。当英布率众把地宫大门打开时，地宫里突然射出无数箭矢，乱箭如雨，当场就射死了许多士兵。随后又从墓中飞出无数怪鸟，这些怪鸟见人就啄，有不少士兵伤于鸟嘴之下。其他士兵被吓得四散逃去。惊呆了的英布不敢进门，急忙派人向项羽报告。项羽一听大怒，亲自率士兵冲入墓门，走了好长好长的墓道，一直走不到地宫，项羽见长廊里有闪光的宝物，正要去取之时，又是一阵乱箭飞出，由于士兵伤得太多，项羽无奈之下，只好率兵退出秦始皇陵。

另一个故事说，项羽攻破咸阳以后，特派十万精兵挖掘秦始皇陵墓。士兵选在陵墓南面和西北面挖掘陵墓的穴道，挖了半个多月，也没有一丝的线索。项羽听说后，就赶到了现场，亲自督促士兵挖掘，可是仍没有结果。正在犹豫之时，忽然从西北方向走来一个鹤发童颜的老人对项羽说：“你不该动用如此众多的劳役来挖墓，秦始皇是怎么灭亡的，你是知道的！”项羽思索良久，终有所悟。于是马上命令士兵停止挖掘，返回楚地。但是士兵们毕竟在此地挖了多时，地面上已经出现了两条沟，在历史上被称为“霸王沟”。

这些民间流传的故事，多荒诞而少实据。考古学家王学理在研究后明确指出：从这些记载中不难看出，越是随着记载时间的推延，叙说破坏的内容就不断增加，而且所叙各事又多有抵牾之处。司马迁在《史记》中只说了“掘始皇冢，私收其财物”的话，况且还是引用刘邦和项羽在阵前对骂中的语句。过了一百八十多年之后，在班固的《汉书》中，却出现了“羊入其凿”、“火烧其藏椁”，又“燔其宫室营宇，往者咸见其掘”的语句。再经四百多年，地理学家郦道元在班固的基础上大加发挥演绎，直至出现了项羽对始皇陵大加盗掘焚烧和牧羊童火烧地宫的具体细节。至于以后的史书作者，对始皇陵的毁与盗的问题上，更是百般演义，直至把石虎、黄巢等人加了进去方才罢休。而袁枚在《始皇陵咏》诗中，对史书中提到的几个人物不但未作半点怀疑，反而指名道姓，言之凿凿，并对始皇陵的遭遇作出了这样的结论：“骊山之徒一火焚，犁耙牴杆来纷纷。珠襦玉匣取已尽，至今空卧牛羊群。”

对于这些史料记载和民间传说的可信度是值得怀疑的。王学理先生认为：如果刘邦指责项羽盗掘陵墓一事属于事实，那么这应该算作一桩重大的历史事件。但这样的历史事件却没有分别载入《秦始皇本纪》和《项羽本纪》之中。即便是《秦始皇本纪》不载而在《项羽本纪》里是非记载不可的，但遗憾的是在其中却找不到一点蛛丝马迹。这是司马迁的遗漏？还是有不便称说之处？两种疑问似乎都难以成立。因为司马迁是一个被世人公认的秉笔直书的史学家，极少逢迎趋势之作，只要看一下他对始皇陵地宫的结构及其陈设清楚的记述，就不难发现其材料来源定有所本，绝非随意杜撰。

假如西汉皇宫档案库中有这方面的史料，或是民间有类似的传闻异故，司马迁必定要加以证实而后采录。既然他在《项羽本纪》中对项羽“烧秦宫室，火三月不灭，收其妇女宝货而东”的行为记述得如此明确而肯定，还有什么必要对掘始皇陵墓这一事件加以掩饰呢？不可否认，率军进入关中的项羽其“掘冢”的动机是绝对存在的，但是否已经掘开了始皇陵并盗走宝藏，却是互有关系而结果未必一致的两码事。

王学理认为，恃功好气的项羽自幼出生在“世世为楚将”的项氏之家，其祖父项燕便是被秦国所杀的楚国名将。秦的统一，楚的破灭，在使项氏家道中落的同时，也在项羽幼小的心灵中打下了深深的烙印，使他自小便形成了“取秦而代之”的雄心。正是这种国破家亡的仇恨和自小形成的性格，使他得势后做出了一次坑杀秦降卒二十余万人于新安的残忍举动。当他统率大军入关中并杀掉秦降王子婴后，又怎能不想掘开始皇陵，以雪当年秦国大将白起“拔鄢郢、烧夷陵”之国耻和秦将王翦诛杀祖父之仇？但是，面对秦始皇陵这样一座庞然大物，其陵墓地宫之深邃、构筑之坚固、警戒之严密，令处于乱世之中的项羽，很难有时间和精力发兵卒盗掘开来，因为当时尚有比盗掘始皇陵更大更紧迫的事等待他和他的将士们来做。对于这位大将军来说，能够顺手牵羊以泄仇恨的，莫过于把秦始皇陵园地面建筑纵火尽情地焚烧，对于包括兵马俑坑在内的浅层地下“宝藏”，能挖的挖，能拿的拿，能毁的毁，能烧的烧。由于出现了这一连串的非常行动，人们误认为项羽盗掘了始皇陵地宫是极有可能的，而刘邦所言“掘始皇冢”的证据也许正在这里。王学理以上论述很有道理。

秦陵考古队张占民研究员经过多年的潜心研究，也得出了和程学华先生一致的结论，认为班固和郦道元的记载是相互矛盾和难圆其说的：既然项羽烧地宫在先，那么地宫内的建筑，包括棺椁在内绝对不会幸免，怎么没有对秦始皇尸骨作何处理的半句记载？是一同烧毁了还是捣碎了？以项羽的性格和复仇心理，若见到秦始皇尸骨，绝对不会放一把火了之的。而且假设项羽在匆忙中反常地一把火烧毁了包括秦始皇棺椁、尸骨在内的地宫，怎么会在后来又冒出个牧童失火烧毁了棺椁的说法？而假设项羽当时没烧始皇帝的棺椁和地宫，牧羊人单凭一根火把照明就敢独自钻入地宫烧掉了埋藏在地下数十米的棺椁？何况地宫之内严重缺氧，水银弥漫，不等牧童接近棺椁也许就一命呜呼了。由此可见，《汉书》的记载是难以成为事实的。

有一种看法，项羽捣帝陵是客观存在的历史事实，不过没有进入地宫，而只是把地面的建筑洗劫了。不难想象，秦始皇陵园的地面建筑目标最为显著。此说认为，正因为它的显著，便首先成为项羽大军洗劫和破坏的对象，那博大恢弘的寝殿、飤官、门阙、角楼和园寺吏舍在兵燹中都无一幸免。几千年之后，当人们站在这片遗址上，仍能看到红烧土和木炭混杂、残砖碎瓦与草屑相伴的凄凉残景。在考古钻探中，经过部分清理的陵园建筑遗址，很少有金钱或青铜器物的发现。发现的“乐府”铜编钟、两诏铜权,“骊山园”铜锤及戈、矛等铜兵器，都散见于陵园的堆积土中。秦俑坑内的青铜兵器，按理应当与兵俑的数量相等，有近万件之多。这个数量无异于一个大型的兵器库，一旦得到这些兵器，便可立即装备军队，投入战斗，但现在看来，俑坑中的兵器所剩无几，若结合兵马俑被破坏的情形来看，坑中的兵器显然是被掳去了。秦俑博物馆副馆长田静研究员每当同笔者提及项羽盗墓

坑里的兵器所剩无几，也许遭劫过。此为三号兵马俑坑。

案，她总是对笔者说：当年刘邦指责项羽“掘始皇帝冢，私收其财物”。无疑是指他捣毁从葬设施、掠走陵园财物的暴戾行径，并没有说进入地宫盗掘。

考古学家没有深陷于文献记载的迷雾中，他们决定用事实来说话。通过年复一年的实地勘查和钻探发掘，考古学家们确认，由夯土筑成的秦陵封土保存基本完好，厚 30 ～ 60 厘米的夯层叠压有序，层次清晰，排除了人为大规模扰动的可能性。封土上虽有几处盗洞，但孔径较小，最深者深入到地下十余米处就自行消失了，距离地宫深度还差得很远。封土四周 16 个陪葬坑也保存良好，未见人为盗扰迹象。而近年来又探明地宫宫墙以及用夯土封堵的宫门都保存完整，也没有发现人为破坏的任何痕迹。

综合以上因素，再考虑到封土之高、地宫之深，以及弥漫在陵墓中的水银毒气，专家认定，秦始皇陵地宫可能在历次大规模盗扰中得以幸免于难，始皇大帝的灵柩至今依然完好无损地深藏于地下，其神秘的面纱，正等待着有缘人去一点点揭开！

27

经现代考古探测证明，秦陵虽经两千余年风雨，但墓室内并没有进水，而且整个墓室也没有坍塌。秦陵虽曾遭盗掘，但地宫的宫墙没有被破坏的痕迹，更没有对地宫造成任何威胁。再说，大量水银仍藏于地宫。这一切充分说明——

始皇帝好端端躺在地宫里

2006年10月6日，著名经济学家张五常在他的博客上发表了一篇题为“是打开始皇陵墓的时候了”的文章，认为如果打开秦始皇陵，每年仅门票收入就可达25亿元。这是多么诱人的经济增长点，此说，引起了广泛关注，两周不到的时间，点击量就超过了23万，跟帖评论者很快也分成赞成和反对的两大阵营。

赞成者认为，秦始皇陵墓充满了神秘感，打开肯定能给世界一个不小的惊喜。不打开始皇陵，是因为打开后受到氧气的侵蚀，部分文物会受损。问题是如果永远不打开，等于没有。要打开才有价值，才能对社会作出贡献。

反对者认为，目前国内的文物保护手段和技术还不成熟，谁敢保证出土的文物万无一失？如果只图一时的冲动与快感去开掘始皇陵墓，那么，后人非但不会赞扬我们的聪明睿智，反而可能会痛责我们这种因急功近利而导致无可挽回损失的愚蠢之举。再说，从现在始皇陵墓的安全性角度来看，那里的安全防范措施、手段，大可不必担心会给一些盗墓贼有可乘之机，偷走国宝。

正当赞成者和反对者各执一词、争论不休之际，有位教授站了出来呼喊：别争了，你们这场争论，完全是一场空论，它是建立在虚幻基础上的，因为秦始皇陵地宫已被盗掘一空了。作者一口咬定项羽盗空了秦始皇陵地宫。如此说来，赞成和反对发掘秦始皇陵的立论基础就不存在了。

项羽果真盗空了秦始皇陵地宫吗！最早说到项羽发掘秦始皇陵，是楚汉两军对峙广武时，刘邦列举了项羽十大罪状，其中第四条就是“烧秦宫室，掘始皇帝冢，私收其财物”。自后，对于项羽“掘始皇帝冢”的谴责，虽然沸沸扬扬，千年不息，却并没有什么实证的材料。就此问题，笔者在二十年前曾先后访问过数十位历史学学家、考古学家，后来辑其要点以“秦始皇陵地宫猜想”为题刊于《文汇报》(1993年8月27日)“独家采访”专栏。

今重读《史记》，就会发现司马迁在记述秦始皇陵是否曾被盗掘这一事实时，处理得非常巧妙，掌握得很有分寸。在《秦始皇本纪》、《项羽本纪》中，他对项羽掘陵一事只字不提，仅在《高祖本纪》中，记述了刘邦对项羽的指责。这说明，说项羽掘陵，只是刘邦加在项羽头上的不实之词。至于太史公自己，只说到“项羽遂西；屠烧咸阳宫室，所过无不残破”为止。这位素以治学严谨著称的史家，对于项羽盗掘秦始皇陵一案所持的分明是一种极为谨慎的保留乃至否定态度。对此，笔者在前章对“项羽盗掘过秦陵地宫了吗”一章已作否定性的论述，现再补证如下：

一、史书的记载有异，让人无法确信项羽盗掘秦陵。《史记 · 高祖本纪》记载楚汉相争之时，刘邦曾列项羽十大罪状，其中第四项是

同衡同文统华疆，不愧千秋第一皇。此为秦陵玄宫模拟图（周全人绘制）。

"项羽烧秦宫室，掘始皇帝冢，私收其财物"。《水经注 · 渭水》中说得更详："项羽入关发之，以三十万人，三十日运物不能穷。关东盗贼销椁取铜，牧人寻羊烧之，火延九十日不能灭。"同时，在刘向写给汉成帝的一篇谏书中也有记载，书中说："项籍燔其宫室营宇，往者咸见发掘。其后牧儿亡羊，羊入其凿，牧者持火照求羊，失火烧其藏椁。"从这些记载来看，秦始皇陵不仅被盗过，而且地宫中的物品似乎也荡然无存了。《汉书》里虽然有些记载中也说到秦始皇陵遭到盗掘，但是发起人与主持人却似乎并非项羽。《论衡》也没有明确讲是项羽盗掘，只是说："秦始皇葬于郦山，二世末，天下盗贼掘其墓。"白居易《草茫茫》诗有"一朝盗掘坟陵破，龙椁神堂三月火"句，鲍溶《经秦皇墓》诗也写道："白昼盗开墓，玄冬火焚树。哀哉送死厚，乃为弃身具。"都说秦始皇陵在秦末动乱中被盗掘。而"三月火"一句，暗示"楚人一炬，可怜焦土"史事，但没有说盗墓的组织者是项羽，更没有说被盗空。这些记载虽各不相同，但从中至少让我们了解这样一个基本事实：盗发秦始皇陵确有其事，但没有被盗空；再者，并非项羽组织的军事行动。这一点很重要。若是项羽的军事行动，就会产生"不达目的不罢休"的结果。也许是义军部众的盗掘，而且又是在军事活动的匆忙之中，掘不到什么也就走了。也正是这一结果，大多典籍没有肯定说秦始皇陵被项羽盗空。

史书中的记载，也不能全部排除含有某些道听途说的成分。所谓"牧羊儿火烧地宫棺椁"的记载即为一例，前文已经说到，一个牧羊的小孩在秦陵一带牧羊，其中有几只羊掉入地洞中，牧羊儿打着火把到地洞中去寻找羊，不料越走越深，看不到底，因为他走进了始皇陵的地宫，最后火把失火，洞内燃烧，竟把秦始皇的棺椁燃烧了，所有洞内的奇珍异宝也在大火中消失了。这可能吗？乍一听，似乎有道理，细细一想，又觉得缺乏一些最基本的常识，牧羊儿单凭一根火把照明就能独自钻入地宫，烧掉了埋藏在地下偌大的棺椁吗？更何况地宫里严重缺氧，水银弥漫，不少专家认为，此牧羊儿不等接近棺椁也许就一命呜呼了。

再翻检历朝历代的史籍以及金石著录，两千多年来也没有发现一件被确认为来自秦始皇陵墓内的文物。这种奇特的现象也就更使人们恍然大悟了。

二、从项羽的性格来说，并非一味"以掘秦陵复仇"。项羽与秦始皇确有世仇，发掘仇敌坟墓以雪恨也是在情理之中。据史料，其祖父项燕是被秦将所杀，项羽曾发誓要“取秦而代之”，当他得势以后果然采取了雪恨的措施，一次就活埋了20余万秦军投降的士兵；当他统率大军入关中并杀掉秦王子婴后，便把秦宫也作为发泄仇恨的目标，把秦宫以及秦陵豪华的地面建筑焚烧殆尽。《史记》载曰：“项王见秦宫室皆以烧残破，又心怀思欲东归。”由此可知，当时秦宫被焚烧所留下的残破景象也是项羽亲眼所见的，仅此而已。

至于项羽发掘秦陵地宫就不在推理之中了。在古代社会，掘墓，剖棺，鞭尸，是政治惩罚与政治迫害的一种形式，同时又都用以发泄仇恨，《左传》中就有掘墓复仇的史例。司马迁记述伍子胥“掘楚平王墓，出其尸，鞭之三百” 的故事，在民间有相当的影响。项羽从其强烈的复仇心理出发也许会以掘墓、鞭尸来雪恨，但情感问题往往还有人性善的一面，即深受传统礼制影响的项羽不能不受到 “谴盗”的社会舆论的制约，“盗墓”毕竟是两个野蛮的字眼，当时也流行着“盗墓时也会遇到崩雷晦雨、狂风大雾或者神异动物”的警示，如果不理会这种警告，常常会遭致严酷的报复。对此，在用兵当务之时，项羽也当有所敬畏的。

再说，项羽也是讲情感、有理智的人。鸿门宴中，范增多次给项羽使眼色，三次举起身上所佩饰的玉玦示意项羽当机立断杀掉刘邦，可是，项羽“默然不应”。这里充分反映了他的性格并非后世想象的那样“残暴”，范增当时就对项羽性格作了“为人不忍”的评述。应该说，作为贵族后裔的项羽也是一个知书达理的人。有一次攻城久攻不下，项羽愤怒不已，一气之下，便下令准备将外黄城中所有十五岁以上的男子全部活埋。外黄县令舍人的十三岁小儿，前去劝说项羽：“若此，再也没有人肯投降您了。”项羽听后觉得言之有理，很快就赦免了准备被活埋的外黄人。此为理智之举，很得人心。到了睢阳，人们都争着归附项羽。可见，最为神圣的复仇就是宽恕。当项羽处于“四面楚歌”之时，他慷慨悲歌，作诗抒情说：“力拔山兮气盖世，时不利兮骓不逝。骓不逝兮可奈何，虞兮虞兮奈若何！”项羽唱了好几遍，虞姬作诗应和：“汉兵已略地，四方楚歌声。大王意气尽，贱妾何聊生！”项羽听后大哭一场，流下了一行行热泪，身边的人也深为感动，跟着哭泣。由此看来，项羽并非铁石心肠。1981 年 7 月 28 日，笔者访问周谷城先生，讲到项羽盗掘秦陵时，他说：“挖坟雪恨是最不人道的，刘邦就抓住这一点来揭露项羽掘秦陵，以此搞臭项羽，其实，项羽也是有理智、图霸业的人，怎会去干那种傻事呢？”此言正是对“为人不忍”的诠释。

周谷城先生说：挖坟雪恨是最不人道的，
就抓住这一点来揭露项羽掘秦陵，以此搞
羽，其实，项羽也是有理智、图霸业的人，
会去干那种傻事呢？

三、从防盗的严密性来看，秦始皇陵也难以被盗。史籍记载中，地宫采取了种种防盗措施。在陵墓修完不久，所有参加修陵的工匠、刑徒都被关在地宫中，成为秦始皇的殉葬者。因为这些工匠、刑徒对地宫构造太熟悉了，杀了他们也是以防后患，此为一。其二，有暗箭防盗。有些史书还记载了秦始皇地宫安装弩弓的事实，此种弩弓是否能真正发生作用，也是研究者和好奇者甚感兴趣的话题。秦始皇兵马俑坑曾出土一种远射程、大张力的劲弩，单靠人的臂力拉开恐怕是困难的。但如果把装有箭矢的弩一个个连接起来，通过机发使之丛射或是连发，就可达到无人操作、自行警戒的目的。这就是通常所说的暗箭。秦始皇陵为了防盗，完全有可能在墓门内、通道口等处安置上这种触发性的武器，一旦有盗墓者进入墓穴，就会被这些暗箭射杀。始皇陵的这一做法，被以后汉唐陵墓所继承，有些史书也详尽地记载了这一史实。其三，用毒气防盗。秦始皇地宫以水银为“江河大海”，除了象征气势恢弘的大自然景观之外，还有一个重要目的就是为了防盗。因为水银在常温下的液态极易挥发，而汞本身是剧毒类药物，人一旦吸入高浓度的汞气，即可导致精神失常、肌肉震颤而瘫痪，以致死亡。秦始皇地宫中“以水银为池”，便可扩大汞的蒸气挥发层面，使毒气发挥更大的作用。

四、从修建的坚固性来说，盗掘亦并非轻而易举之事。秦始皇在世时着手修建，他以其权势征集了最优秀的工匠，采用了最好的材料，应用了当时最先进的技术，所以，地宫开掘极深，建筑得非常坚固。它“穿三泉，下铜而致椁”，“塞以文石，敷以丹漆，深极不可入”，就是说，它不仅远远超出浅层地下水深度，而且穿透深层地下水，采用熔化灌注金属、敷涂生漆等技术手段，浇封缝隙，使之密封。对其坚固性，在“为何营建秦陵这么久”一章作了论述，要挖掘那么深的盗洞，别说古代，就是现在也不是件容易的事。

为了比较确切地了解秦始皇陵封土以及地宫的情况，考古人员在陵冢及其周围打了四千多个探孔，这就等于对地宫及其周围地区作了一次非常严密的扫描。钻探结果表明，夯土层清晰规整，既没有大规模被掘开与焚烧的痕迹，也没有发现接近地宫的盗洞或被盗扰的痕迹，仅仅在陵冢东西两侧发现两个深不到 9 米、直径约 1 米的盗洞，而且均在远离地宫墙外就废弃了，地宫的宫墙也没有被破坏的痕迹，更没有对地宫造成任何威胁。

考古测量结果，在陵区中有广达 1.2 万平方米的强水银辐射区，为陵外其他地方水银含量的八倍，这一有力证据再次证明了《史记》中关于秦陵记载的准确性，即地宫中含有大量的水银。考古学家据此认为地宫没有被盗，否则水银就会早已挥发。

笔者采访孙伟刚先生后留影。孙伟刚先生说：秦始皇陵陪葬坑被毁当是项羽及其部属所为，刘邦在数落项羽的十大罪状中，其中言“掘始皇帝冢”，估计就是指对陪葬坑的盗掘和焚毁。

在目前已发掘的兵马俑坑、石质铠甲坑、百戏俑坑、青铜水禽坑等陪葬坑中，严重焚烧变形的一些陶俑，个别被烧成灰烬的石质甲片及坑壁的红烧土等现象让人触目惊心。如此多陪葬坑为何被焚呢？目前有不同的认识。孙伟刚在《秦始皇帝陵与兵马俑》提出了自己的看法。

一曰：“沼气自燃”。孙伟刚说，那种认为地下陪葬坑掩埋过久会产生沼气，到了一定程度便引起沼气自燃的提法显然是不能成立的，因为陪葬坑难以产生足以自燃所需的沼气。

二曰：“葬仪燎祭”。孙伟刚说，若讲“燎祭”，那陪葬坑中放置的物品必须是易燃的，但是目前所发现数量众多的陶俑、铜车马以及兵器等随葬品，既不是“燎祭”所用木材，也不是“燎祭”时可以燃烧殆尽的，那样岂不有悖于“燎祭”的初衷。

所以，孙伟刚认为秦始皇陵陪葬坑被焚毁的现象当是一种人为破坏的行为，结合历史文献上的记载，当是西楚霸王项羽及其部下所为。刘邦在数落项羽的十大罪状中，其中所言“掘始皇帝冢”，估计就是指对陪葬坑的盗掘和焚毁。

迄今为止在秦陵封土周围的考古勘探，虽说发现些许盗洞，但其都较浅，尚未到达地宫附近。在勘探中，研究人员还发现了一道石质宫墙。根据探测，发现墓室内并没有进水，而且整个墓室也没有坍塌。这说明秦始皇至今仍好端端躺在地宫里。

28

有的认为秦陵地宫虽然没有被盗空，但是秦始皇只剩下一把尸骨了。其理由是秦始皇死在出巡途中，且又正遇夏天，遗体不易保护；当时“尸体”未运多远，便发出了熏人的腥味，引出了用鲍鱼“以乱其臭”的故事，此说虽有记载，但完全有理由相信——

秦始皇遗体可能保护完好

秦始皇遗体是否保护完好，引发出两种截然不同的看法。持“始皇遗体已腐烂”看法者认为：秦陵地宫虽然没有被盗空，但是秦始皇只剩下一把尸骨了。其理由是秦始皇死在出巡途中，而且正值酷暑，遗体不易保护；当时“尸体”未运多远，便发出了熏人的腥味，为了防止腥味扩散，走漏“风声”，赵高、胡亥立即派人捕捞了一筐筐鲍鱼，将腐臭的鲍鱼与“尸体”放在一起以乱其臭。

这些说法似乎并非空穴来风，因为《史记 · 秦始皇本纪》是这样说的：“棺载辒凉车中……会暑，上辒车臭，乃诏从官令车载一石鲍鱼，以乱其臭。”不过这里只说到“臭”，并没有说明是秦始皇的遗体腐烂所发出的尸臭，所用鲍鱼“以乱其臭”，必有蹊跷，当作别论。按常理说，秦始皇的遗体不至于腐烂到如此地步，对此，后世学者一直持有不同看法。

持“始皇遗体完好”看法者认为，就当时的防腐水平以及秦始皇至尊的身份而言，始皇死后乃至入葬时的遗体是保护完好的。此说，20世纪70年初更加盛行。因为1972年在长沙马王堆发现西汉辛追遗尸形体完整，全身润泽，皮肤仍有弹性，关节还可以活动。这是震惊世界首例历史悠久的湿尸。

西汉辛追女尸为何能保存如此完好？解释颇多。

有的说，这是木炭、石灰、白膏泥密封的作用，让其处于如同沙漠干燥的环境之中，细菌无法繁殖。

有的说，棺木密封很好，与外界空气完全隔绝，避免了细菌对尸体的侵蚀；再者，马王堆墓一直没有被盗。地质条件加上人为因素，使得辛追的尸体奇迹般保存下来。

有的说，辛追生前追求长生，有服用丹药的习惯。虽然生前滥服丹药没能长寿，但丹药的毒性对于细菌却有杀灭作用，使得她的尸骨能长久保存下来。

有的说，在陪葬品里，有大量的中草药，一定程度上为配制防腐药水准备了条件，成为古尸保存的重要原因。

有的说，从墓壁上雕刻的道家养生图和出土的目前最完整的两部老子《道德经》，不难推测，辛追夫人是道学养生方法的研究者，并有所成就。

……

考古学家、历史学家很自然联想到秦始皇遗体的保存，认为上述条件都为秦始皇时代所具备，并更加优越。中南大学马王堆汉墓文物保护中心主任、博士生导师罗学港教授认为，单从遗体保护技术来讲，相距秦代不足百年的西汉女尸能够很好地保护下来，秦代也应具备保护遗体的防腐技术。

1980年10月初，笔者曾就此问题访问过考古学家李学勤先生（见

笔者在京采访李学勤（左）先生后留影

1980年10月9日《文汇报》)，他明确地说："从马王堆女尸保护完整，皮肤仍有弹性，可以想象到秦始皇的遗体，说秦始皇遗体完好，就当时的防腐水平，以及中央集权、秦始皇的独尊身份来说，并非不可能。"

李先生说，在马王堆女尸出土的时候，棺材里注满了一种红色的棺液。科学家们相信，这种液体是使辛追两千多年来不腐的"神液"。棺液之所以是红色的，是因为掺加了朱砂，朱砂的化学成分中含有汞。可以肯定，这种红色液体具有杀菌作用，可以保证尸体不腐。

联想，不会使认识固化。狄德罗说过："想象是提高智慧的翅膀，可以使人摆脱因时空束缚而造成的苦恼。"由西汉女尸联想到秦始皇的遗体，会拂去一些人们心头上的认识尘积。

从地点来说，秦始皇病死在沙丘平台（今河北广宗县西北）。这里的七月（丙寅日）天气还是比较凉爽的，不像今人所想象的那么酷热难熬。

从乘舆的设备来说，秦始皇的遗体放在辒凉车里，即有窗牖的车，闭之则温，开之则凉。

从秦始皇自身的条件来说，他是去海滨寻找长生不死之药的，路途中有所不适，也吃了不少所谓的"长生不死之药"，这些中药虽不能救命，但能杀菌，这对遗体的保护也能起作用。

这里还有两点不可忽视的：一是死亡之地，二是死亡时身边的人。

死亡之地在沙丘。沙丘乃商代后期商王的离宫所在。商纣王"以酒为池，悬肉为林"的地方即在此。战国时，沙丘成为赵国名城，著名的沙丘宫就在这里，自然也成了秦始皇的离宫。应该说，其生活设施乃至必要的治疗药物是具备的。御医在始皇病危时，必施丹药之方。在古代中国，方士炼丹，吹嘘水银“久服神仙不死”。炼丹术是人们追求长生的主要方式之一，也许秦始皇幻想长寿，竟然服食多量丹药；而炼出的丹药，本身都含有汞等对人体有毒有害的物质，只是当时人们意识不到罢了，但是汞对于身体有伤害作用的同时，对细菌却有杀灭作用。所以，虽然始皇生前以及病危时大量服用丹药没有治效，身后却阴差阳错，丹药的毒性使得他的遗体得以防腐而可能长久保存下来。

再说，秦王朝的核心高官胡亥、李斯、赵高个个都在场。丞相李斯掌握朝廷大权，赵高是始皇贴身宦官，胡亥是典型的孝子。始皇身边还有一位重要人物，那就是医术高超的御医夏无且，面对突发事件，他自会运用当时所掌握的杀菌防腐手段。

始皇暴病而亡，他们甚为担心，“恐诸公子及天下有变”，便当机立断，决定“秘之，不发丧”。这是出于当时的形势所决定的一策。

接着，最为重要的是竭尽全力保存好遗体，以免失孝、生变。孟子说:“孝子之至，莫大乎尊亲。”亲人死后，即对亲人的尸体视为活人，也谓“事死为生”。所以说，保存好遗体是孝道的重要表现。

这是先秦时代的“鬼魂崇拜”思想的影响。“鬼魂崇拜”发生之前，人们对尸体弃之不管，如同野兽对待同群的尸体一样。《周易 · 系辞》中所记“古之葬者厚衣之以薪。葬之中野，不封不树……”正是描写在产生鬼魂崇拜之前人们对尸体的处理情形。最初的“鬼魂崇拜”，实际上是崇拜活人的自然本质所产生的活动能力，认为肉体的哪个地方负伤，灵魂也同样受伤。此时人们认为死者的灵魂能单独存在，同活人一样生活，所以必须把遗体处理妥当，使它如同活人、真人。人死后，无论埋葬、火葬、水葬，先要把遗体保护好，这是厚葬之首举。

追溯得远一点，山顶洞人时，就开始了对人体不腐烂的探索了。考古学家发现，当时人死了之后，在尸体的四周撒上一种赤铁矿，红色

异宝奇珍昭盛史，玉衣金缕拥皇陵。此为始皇帝安躺地宫模拟图（劳夫绘制）。

的东西，这不完全是一种吉利或驱邪，可能这样做也可会使尸体比较好地保存下来。秦汉时期的一段时间，通过所谓炼丹的方式，来服用使自己长生不老的这样一种药品，这些，实际上都表明了当时的一种理念，就是希望自己长生不死，即便是死了以后肉身也不能腐烂。

其实，古代社会有不少很好的保存尸体的经验和方法。鲁迅先生还说到使遗体不烂的办法，那就是“屁塞”。何谓“屁塞”？即古时人死后常用小型的玉、石等塞在死者的口、耳、鼻、肛门等处，“屁塞，就是古人大殓的时候塞在屁股眼里的”（见《彷徨 · 离婚》），据称如此可以防腐不烂。又古人大殓时，常用水银粉涂在尸体上，以保持长久不朽。

马王堆辛追不朽令人吃惊、连云港“惠平”不烂使人感叹，等等，其中之谜尽管至今仍然扑朔迷离，但许多防腐措施，古人是知晓的，并在使用着。

鲁迅先生所言“屁塞”以及用水银粉涂在尸体上，这是常用法。

有的使用含酒精、甲醛的浓酒来涂之。

有的使用蜂蜜、沙砾、盐来抹之。

如今，某些少数民族对尸体作防腐处理亦有多法，其巫术传统给人凭空添上了神秘莫测的诡异色彩，可经有关人士的观察，终于揭开了其中防腐防烂的秘密：

第一法，是以添加一定朱砂特别是水银的药物，或涂或蒸发熏蒸以后，全身有了一层保护膜；第二法，是使用草药熏蒸的方法，把死者装进蒸桶里，放上消炎杀菌的草药，熏蒸以后，尸体可放很长时间也不会腐烂。 第三法，对尸体进行脱水；第四法，是使用盐花椒。有的边远地区，按照生辰八字计算，死者要等十五天才能上山下葬，这十五天如果正好是大热天，那怎么办？办法就是经常更换被子，去掉身上的一些水，而且那亡者也是越来越干，不像一般人死了以后会胀起来。

有的专家认为，秦始皇死后，初采降温之法，寻得水银之后再将遗体“洁身”，以多层丝绸包扎起来，再浸泡在水银棺之中。如此想象，不是没有道理。因为始皇死在沙丘行宫，经一番处理后再入棺。入了棺之后才如《史记 · 秦始皇本纪》所言：“棺载辒凉车中。”

若是秦始皇遗体在途中就开始腐烂，尸体运回咸阳等不到处理恐怕早已面目全非了。这样的情况发生在当时天下独尊的始皇身上，自然是不允许、也是不可能的。

其实，水银也是那个时代常用的防腐剂，炼丹术所生成的水银，是金属物质却呈液体状态，圆转流动，容易挥发，显得与寻常物质相异。怪异现象使得古人感到神奇，因此炼丹家一直想利用这些物质制成具有神奇效用的“还丹”，又称“神丹”。《抱朴子 · 金丹》说：“神丹既成，不但长生，又可以作黄金。”就是说，这种“神丹”是兼有使人“长生”和“点铁成金”作用的万应灵丹。

自古炼丹和医药有着密切的关系，炼丹家往往都兼通医药，许多医家也兼通炼丹，如东汉的《神农本草经》是现存最古的本草学著作，人们视之为医家的书。此书把丹砂列为上品第一，把炼丹所用的四十多味金石药分别列入上、中、下三品，而且明确说划分等级的标准是“上药令人身安、命延、升天、神仙……”，这就颇有炼丹术的意味。整天拿着药囊的御医夏无且应该是掌握这些医技的。

最令人神往的就是 “不败朽”，盖因水银有杀毒灭菌之效，故谓“金性不败朽，胡为万物宝”（《周易参同契》）。炼丹家认为服用金银矿物等“不败朽”的东西，可以使人的血肉之躯也同样“不败朽”。因此，他们不仅要设法服用这些东西，还要用人工方法炼制药用的金、银。包括秦始皇在内的许多帝王将相豪门贵族都征招炼丹家替他们炼金。

当时时值暑天，把始皇遗体保护好，也是为臣者当务之急的大事、难事。不过，保护遗体的办法在古代流传多种。那时就出现“水银浸泡”办法了，别说至尊之始皇帝，就是春秋战国的贵族墓冢，以“水银为池”并不鲜见。由此推测，秦始皇的遗体也是“水银浸泡”；死亡入棺直至地宫入葬，皆为水银浸泡。

根据何在？依上文所述，可概括三点：（1）秦始皇时代的贵族墓冢都使用水银等“不败朽”之药了；（2）秦王朝高官李斯、赵高、胡亥以及医术高超的御医夏无且在场；（3）如今在秦始皇陵地宫里测有大量的水银。

2003 年，中国考古队再次利用地球物理勘查技术，对秦始皇陵进行了无损勘查。经过周密分析，陕西考古研究所研究员王学理推论，地宫中里的水银正如司马迁所描绘的那样：以百川、江河、大海为蓝本。保守的估计至少有 100 吨的水银。这一点在“地宫水银之谜”一章里已作推测：巴郡应是古时丹砂的最大供应地，同时，巴郡又是距离咸阳最近的一个丹砂产地，秦陵地宫的水银很可能是由巴寡妇清提供的。巴郡的寡妇清经营丹砂水银，支持了秦始皇遗体保护完好的看法。至于将鲍鱼放在尸体一起，看来主要不是为了“以乱其臭”，而是一种乱人耳目的障眼术。

笔者同徐卫民（右）教授讨论

笔者就“遗体能否保护完好”访问了西北大学文博学院副院长徐卫民教授，他是一位严谨而又富有想象力的历史学博士，对秦陵的研究有很高的造诣，出版有关秦陵著述多种。虽同笔者也是多年的朋友，但对于学术讨论是认真、严肃的，他明确说，遗体保护完好，难以信服，其理由有四：一、秦始皇死于夏天，且又在出巡途中，条件较差；二、李斯、赵高等人在忙于夺权，没有心思和精力去考虑如何保护始皇帝遗体；三、从考古发掘角度来说，关中地区的湿度不利于尸体的保护，至今为止关中地区尚未发现遗体保护完好的，唯有发现留下完好的骨骼；四，司马迁在《史记》的记载，已明确说遗体发臭了，司马迁是严谨的史学家，不能不考虑到司马迁记载的真实性。

对于徐教授的当面质疑，笔者逐一作了回答：其一，前文已述，始皇帝死于出巡途中，不是荒无人烟的野外，而是一处设施齐备的行宫，有遗体保护的技术；其二，虽是图谋夺权，但无论从君臣或是父子之情来说，保护始皇帝的遗体是义务，是“大事”；其三，目前尚未发现并非等于不存在；其四，司马迁的记载中的“鲍鱼”，看来是笔者前文所指出的，是李斯、赵高的障眼术。

笔者同徐教授讨论还在继续。

29

秦陵营建时间长达近40年，其因，有的说，主持者更换几次，其方案也随着有所变更；有的说，是因为随着秦始皇实权的掌握，其私欲日益膨胀，致使秦陵不断扩建；还有的认为，设计与施工有误差，所以经常返工。——

为何营建秦陵这么久？

“秦皇扫六合，虎视何雄哉……刑徒七十万，起土骊山隈。”这脍炙人口的诗句出自大诗人李白之笔，它讴歌了秦始皇的辉煌业绩，描述了营造骊山墓工程的浩大气势。可以这样说，工程之浩大、用人之多、时间之久都是前所未有的。

那么，秦始皇陵墓营建了多少年？《史记 · 秦始皇本纪》载：

“始皇初即位，穿治郦山，及并天下，天下徒送诣七十余万人。……”

对“初即位”，有三种理解：

一是十三岁即王位，当在公元前246年。

二是秦始皇二十一岁加冕亲政，当在公元前238年。

三是秦始皇统一六国称帝，当在公元前221年。

“初即位”究竟是指什么年代呢？

是指秦始皇二十一岁加冕亲政吗？不。《史记》对秦始皇二十一加冕亲政，只言“王冠，带剑”，不称“即位”。

是指秦始皇统一六国称帝吗？也不。《史记》对秦始皇三十九岁灭六国一统天下，只云“秦初并天下”，“采上古‘帝’位号，号曰‘皇帝’”，亦不谓“即位”。

应该说，“初即位”是秦始皇十三岁初即王位。《史记·秦始皇本纪》对“初即位”的记载有两处：

一处称“年十三岁，庄襄王死，政代立为秦王”，“王年少，初即位，委国事大臣”；

另一处即“始皇初即位，穿治郦山”。

说秦始皇营建骊山墓的年代当在“初即位”即公元前246年，不仅符合历史记载的事实，也符合历代帝王即位后即为自己修墓的惯例。但这里说的“穿治郦山”，只意味着破土动工，并不是说已经完工。这么大的工程，绝非一朝一夕之所为。据考古人员的研究分析，营建陵园前后分为四个时期，实际是三个阶段：自秦王政13岁即位开始到统一全国的26年为陵园工程的初期阶段。这一阶段先后展开了陵园工程的勘测、设计和主体工程的施工，初步奠定了陵园的规模和基本格局。从统一全国到秦始皇三十五年，这9年当为陵园工程的大规模营建时期。《史记》记载：“及并天下，天下徒送诣七十余万人。”经过数十万人9年多大规模的营建，基本完成了陵园主体工程。自秦始皇三十五年到秦二世二年冬，历时3年多是工程的最后阶段。这一阶段主要从事陵园的收尾工程与覆土工作。

《史记·秦始皇本纪》为何又称“三十五年……隐宫徒刑者七十余万人，乃分作阿房宫，或作丽山”。这是可以理解的。三十五年当在公元前212年，即统一后的第十年。也许工程进展时停时续，因为秦始皇醉心于求长生、寻找不老药那段时间，就不会那么热衷于搞骊山墓，后来失望了，就大搞起骊山墓来了。在生死问题上，秦始皇一直是矛盾的。他用方士，求长生不老之药，相信自己能成为不死的"真人"。因此，在相当长一段时间里，对营建骊山墓是并不怎么热心的，只是到生命的后期，才认真地营建起来。另一方面，政权巩固后，再增刑徒造陵，尚属可信。秦始皇继王位时就着手营造秦陵了，前后三十七八年。

当秦始皇 13 岁刚刚登上国王宝座时，陵园营建工程也就随之开始了。古代帝王生前造陵并非秦始皇的首创。早在战国时期诸侯国王生前造陵已蔚然成风。如赵肃侯"十五年起寿陵"（《史记》）；还有平山县中山国王的陵墓也是生前营造的。秦始皇只不过是把国君生前造陵的时间提前到即位之初，可见对造陵的重视。西晋人索綝说"汉天子即位一年而为陵"（《晋书 · 索綝传》），说明汉皇帝即位不久就筑陵的做法，必是秦制的直接反映。秦始皇在他即秦王位后的一两年间就为自己营建陵墓，应是无可怀疑的事实。

陵园工程由选点设计、施工营造到最后被迫中止，前后长达三十七八年之久，在中国古代陵寝营建史上名列榜首，它甚至比埃及胡夫金字塔修建的时间还要长 8 年。这是为什么？

一种看法认为，所以时间长，是因为营造的主持者更换几次，其方案也随着有所变更所致。

另一种看法认为，所以营建时间长，是因为随着秦始皇实权的掌握，其私欲日益膨胀，致使秦陵不断扩建。

还有一种看法认为，设计与施工有误差，所以经常返工，如"旁行三百丈"、"修地下水渠"等。

这些看法都是一种猜测，不一定符合历史事实。据史书所说"使丞相斯将天下刑人徒隶七十二万人作陵，凿以章程"来看，秦始皇陵的营建绝非任意，必定是按照设计图有计划地营造。当然，以上诸说，也具有一定的合理因素。营建时间长的根本的原因还是为了陵墓的千秋万代之固。

1995 年 10 月，笔者同秦汉史专家林剑鸣先生商讨《秦汉史》的出版事宜，话中不时提及拙作《秦始皇大传》，趁机就有关秦陵地宫问题请教了教授，林先生说："秦陵地宫没有被盗，说明地宫筑得牢固，可用四个字概括：'固若金汤'，筑固的原因也可用六个字概括：保尊、护宝、永生。就是说为了维护秦始皇的尊严，为了保护秦陵地宫的珍宝，为了保护秦始皇自身，让其永生。"所言甚是。当时，笔者作为上海人民出版社的总编，希望林先生在《秦汉史》一书中增加秦陵地宫的内容，后因其身体欠佳没能补写。笔者不时想起林先生的"保尊、护宝、永生"六个字。今秉承他的赐教，作如下诠释，也算作对他的怀念。

笔者采访林剑鸣先生，他说："秦陵地宫没有被
说明地宫筑得牢固，可用四个字概括：'固若金汤
筑固的原因也可用六个字概括：保尊、护宝、永生

秦陵地宫营建时间长达近四十年，地宫筑得异常牢固，可谓"固若金汤"，其目的在于"保尊、护宝、永生"。

首先，为了维护始皇帝神圣的光彩和尊严。"皇帝"一词，出现于战国时代。《庄子 · 齐物论》里有，《尚书》里也有，都是用来称呼前代帝王的，表示一种崇敬赞扬之意。因为"皇"字有辉煌、伟大的意思，"天下之总称"，也有近乎神的含义；"帝"字则是至高无上的主宰，"得天之道者为帝"。把两个字联起来，无非是表示秦王政自己远远高于"三皇五帝"。

在生前如此，在死后也希冀如此。可是事与愿违，盗墓之风，往往扫了墓主的威风和尊严。王子今教授的《中国盗墓史》，是一项杰出的研究成果。对中国历代包括先秦的盗墓史料，不论是文献的还是考古的，都作了广搜博采，用力甚勤。应该说，这是当代有关这个问题的值得称道的著作。对于先秦包括战国时期的盗墓之风，《荀子》、《吕氏春秋》等都有所记载。《荀子》的作者荀子是李斯的老师，《吕氏春秋》的主编吕不韦是秦始皇的仲父，又是秦陵的总设计师，显然对盗墓现象不会视而不见。对于闹得沸沸扬扬的伍子胥的“鞭尸”一事，也不是充耳不闻的。春秋时代楚平王误听谗言，将大夫伍奢全家斩尽杀绝。伍奢次子伍子胥历尽艰难，逃到吴国，成为吴国重臣，后率领军队攻破楚国都城郢。相传，伍子胥为父兄报仇雪恨，曾经掘开楚平王的坟墓，怒鞭平王尸体三百下。

对于“掘墓鞭尸”一事，有的持否定态度，认为，吴国军队攻入楚国郢都，正是孔子在世的时代。孔子容不得乱臣贼子，伍子胥引吴入室，掘墓鞭尸，可谓罪大恶极，但孔子的言论中只字未提。（张君在《武汉大学学报》1985 年第三期上发表《伍子胥何曾掘墓鞭尸》），其实，唯孔子之记载定事实，是不准确的。对于此，《史记 · 吴太伯世家》有载：“子胥、伯嚭鞭平王之尸，以报父仇。”《史记 · 伍子胥列传》曰：“及吴兵入郢，伍子胥求昭王，既不得，乃掘楚平王墓，出其尸，鞭之三百，然后已。”可见，司马迁记此事应当无误。扬雄《法言 · 重黎》也有这种说法，然后批评伍子胥“鞭尸籍棺，皆不由德”。东汉赵晔《吴越春秋 · 阖闾内传》，除记有“掘墓鞭尸”的情节外，更增加了“左

《秦汉史》书影

足践腹，右手抉其目，诮之曰：‘谁使汝用谗谀之口，杀我父兄，岂不冤哉’”的细节。照此看来，说伍子胥掘墓鞭尸，是有根据的。

在《汉书》中也有记载：吴王阖闾，违礼厚葬，十有余年，越人发之。及秦惠文、武、昭、孝文、严襄五王，皆大作丘陇，多其瘗臧，咸尽发掘暴露，甚是悲也。从这段话得知，吴王阖闾的墓仅仅十余年，就被越人给发掘了。关于吴王阖闾的陵墓，民间也有不少传说。对于这些，秦始皇不会不知道，营造秦陵的主持人不会不知道。所以，设计施工人员必以坚固为务，营造成“固若金汤，坚不可摧”的千古之陵。

其次，为了保护秦陵地宫的“奇器珍怪”。地宫的陪葬品是极其丰富的，《史记》作了简要的记载：“穿三泉，下铜而致椁，宫观百官奇器珍怪徙臧满之。”《水经注 · 渭水》条也有类似的记载：“宫观百官奇器珍宝充其中。”由此看来，地宫的收藏确实丰满。这种厚葬必然带来盗墓。前文已述，先秦时期的盗墓之风，随着厚葬日盛而愈烈。顾炎武《日知录》卷一五《厚葬》条曾引《吕氏春秋 · 节葬》说：“国弥大，家弥富，葬弥厚，含珠鳞施，玩好货宝，钟鼎壶滥，舆马衣被戈剑，不可胜数，诸养生之具，无不从者。”“奸人闻之，传以相告，上虽以严威重罪禁之，犹不可止。”十分明白，顾炎武引《吕氏春秋》这段话说明“厚葬”是产生盗墓的原因之一。鲁迅先生还提到“曹操设了‘摸金校尉’之类的职员，专门盗墓”（《花边文学 · 清明时节》）。这见于“建安七子”之一的陈琳代袁绍所作声讨曹操的《檄文》。曹操除“设了‘摸金校尉’之类的职员”外，还有同一类的“发丘中郎将”,“发丘”当然就是盗墓，不仅如此，曹操还曾“亲临发掘”西汉梁孝王的坟墓，“掠取金宝”。目的十分明白，这是为了利用冢墓之“厚葬”，借“摸金”、“发丘”来养活自己拥有的大量军队。曹操尚“通达”，轻视世俗礼法，因而这不可能是出自敌对者袁绍的诬蔑，应该是事实。

对于秦陵这座地下宫殿究竟是何模样，虽然资料少之又少，但有两点是可以推断的，一是坚固异常，二是珍宝丰满。究竟收藏哪些珍宝？在“地宫珍宝知多少”一章里作了简述。这里也不难看出，秦陵地宫建筑均像咸阳都城的宫殿那样深邃而坚固，为防止盗墓贼进入，工匠在地宫门口制作了神奇的机关暗箭。倘若盗墓人一旦接近墓门，便暗箭齐发，将其毙命于墓中。

第三，为了保护秦始皇自身。在近代思想家当中，谭嗣同是批判秦始皇最力者之一。他认为，秦始皇所具有雷霆万钧之力的中央集权，成为屠戮民众肉体、戕害民众精神之杀人机器，把天下财富集于个人手中并带入坟墓。是啊！三分之一的财政用于营建陵墓。于是，他非常害怕民众，每次出巡，保卫森严，营造坟墓，坚而又固。秦始皇统一六国前无暇于注意长寿和享乐，统一六国后则把企求长寿提到一个相当重要的位置。正如丘琼山所说：“始皇既平六国，凡平生志欲无不遂，唯不可必得志者，寿耳。”（《纲鉴合编》）一些方士投其所好，纷纷编织谎言，要他做“真人”：入于水不沾湿，入于火不燃烧，腾云驾雾，与天地一样久长。秦始皇居然深信不疑，并说：“吾慕真人，自谓‘真人’，不称‘朕’。”为了尽快成“真人”，又下令于咸阳附近二百里内，在已建成的二百七十座宫殿之间添造甬道前后连通，左右遮蔽，免得让人知道始皇帝的行踪。若是有人说出了他的居处，就立即处以死刑。秦始皇行居无定所，一方面不能让人瞧破行踪，增强神秘感；另一方面也确保人身安全。面对着秦始皇兵马俑坑、铜车马、百戏俑、石铠甲坑、文吏俑、水禽坑等等珍贵的文物时，人们除了感到巨大的震撼和深深的艺术享受外，从另一个侧面也使人领略到秦代的社会意识中将“地下世界”、鬼神观念等放在了一个多么重要的位

秦俑无言，威武不减。此为美国飞虎队老兵向兵马俑敬礼。

置。正如《左传·成公十三年》所谓“国之大事，在祀与戎”，这一社会观念在秦始皇兵马俑身上得到了明确、完满的体现，在地宫里更是如此。

对于人世和人身，秦始皇怀有一种敬畏之心。他推行愚民政策，焚毁民间流传的诗书、百家语和一切非秦国的史书，等等。这也是秦始皇晚年的一种无可奈何的心境。现实的永生不可能，就退而求其次，希望在自己的墓中得到不腐不烂的“永生”，这是另一种意义上的永生不老和天长地久。

秦始皇自称成仙，自谓“真人”，这既要与当时科学技术水平和人们文明程度状况上去考察，也要从秦始皇本人的经历以及个人性格爱好及其心境来分析。综观秦始皇的一生，磨难种种，且不说自然灾害所带来的惊吓，就说遭遇刺客，给他的人身安全带来巨大的恐怖和惊骇，可谓“惊心掉胆”，在《史记》记载的就不下四次：

“荆轲刺秦王”案。秦王政二十年，燕国的太子丹派荆轲携带包着匕首的地图进献秦王政。打开地图，现出一把匕首。荆轲举起匕首投向秦王，没有击中。当时，秦王绕着柱子跑，仓惶惊急，不知所措，经左右提醒，才拔出剑来击杀荆轲。此次惊吓后，秦王大怒，随即增派军队到赵国去，并命令王翦的部队去攻打燕国。

“高渐离击筑”案。秦始皇也许出于对击筑的痴迷，他对于荆轲的同案犯没有处死，就是因为高渐离善于击筑，而始皇帝喜欢欣赏击筑，于是特别赦免了高渐离的谋杀帝王之大罪，只弄瞎了他的眼睛，让他击筑。秦始皇逐渐接近他，高渐离便将铅块暗藏在筑里，在一次演奏时，趁靠近秦始皇的当儿，他就举起筑来猛击秦始皇，然而没有击中。秦始皇大为恼怒，随即杀死了高渐离，并下令自后再也不接近诸侯国的人。

“博浪沙遭袭”案。出巡到达河南阳武博浪沙时，一百二十斤重的大铁椎把一辆副车击碎，刺客没有看准哪辆车是秦始皇所乘，结果误击副车，刺杀未能成功，可对始皇帝打击极大。元代陈孚有一首题为“博浪沙”的诗云：“一击中车胆气豪，祖龙社稷已动摇。如何十二金人外，犹有民间铁未销！”秦始皇为了防止天下民众的反抗，曾收缴了天下兵器，铸十二金人，可万万未曾想到仍然遭到大铁椎的袭击。秦始皇“为盗所惊”后，紧急下令搜捕，一连进行了十天。

“微服察访遇刺”。秦始皇三十一年，始皇身着便装和四名武士一起在咸阳暗中巡视，夜里巡至兰池宫遇到强盗，险些被刺，幸好武士机警掩护，可是没能当场击杀了盗贼刺客，始皇帝大怒之下，又令在关中地区进行二十天的大搜捕。

一次次的刺客，让秦始皇害怕极了，他整天胆颤心惊、不敢举步。所以，在咸阳宫里使自己“所居宫毋令人知”，以保自身成“真人”。

30

虽说地宫结构复杂，但据现在勘测的资料表明，秦陵的大概情况已基本搞清。若要完全解开秦陵地宫的千古之谜，只能等待对其进行发掘。若打开秦陵地宫，供世人参观，每年仅门票收入就有25亿元人民币，这是多大的经济收益！既然如此——

为何不发掘秦陵地宫？

如此神秘、又如此诱人的地宫，张五常先生为打开秦陵地宫算起了一笔经济账，他说：“如果打开秦始皇陵，每年仅门票收入就可达25亿元人民币。”这是好大的增长点。于是，引发了一场“尽快发掘秦陵地宫”的大讨论，获得了不少网民的支持，其理论种种：

一曰“开发资源”论，认为秦陵如果不加发掘，只是黄土一堆，对旅游资源也是一种巨大浪费。发掘秦陵地宫，即为开发资源，只有打开才有价值，才能对社会做出贡献。如果永远不打开，等于没有价值。

二曰“激励自豪”论，认为发掘秦陵可以吸引国民的目光，并带动全民参与，凝聚民心，随之激发对中华文化的热情与关注，同时还可以吸引世界优秀的专家和科研机构献计献策，对于向全世界弘扬中华文化，对于培养中国人民对自身文化的热情和民族自豪感大有好处。

三曰“证实文献”论，认为司马迁的《史记》对秦陵地宫有所记载，如说宫观百官奇器珍怪“徙藏满之”；墓室中上具天文，下具地理，以水银为百川江河大海，用机械使之流动灌输；令工匠制作弩机弓箭，以防盗墓之贼等等。打开地宫，以证实《史记》记载的可信度和准确性。

四曰“有效保护”论，认为秦陵如果不及早发掘，地宫里的文物只会逐渐腐烂，因为地宫浸水是很常见的事，同时还有其他不测和不知因素的存在，让其一直深埋地下又何谈保护？唯有发掘，才能有效保护。

五曰“阶段发掘”论，认为对于打开不打开秦始皇陵，并非完全是技术问题，打开后到底需要怎样的技术，谁能说清呢？唯有阶段性地渐进式发掘秦陵，方可随时发现问题，随时研究所需要的保护技术，做到有的放矢。

六曰“学习外国”论，认为外国有发掘帝陵的经验，值得借鉴，有的还以埃及的金字塔的发掘为成功的典范，既弘扬了文明，又吸引了大量的旅游者，获得了可观的经济效益，文物保护和开发利用并行不悖，相得益彰。

七曰“满足民意”论，认为始皇陵是一座充满了神奇色彩的地下“王国”。那幽深的地宫更是谜团重重，地宫形制及内部结构至今尚不清楚，千百年来引发了多少文人墨客的猜测与遐想。如今民众有十分强烈的动机和愿望，不能不考虑这一民意。

面对以上种种议论，考古界人士说，秦始皇陵墓是不是打开？什么时候打开？不是由经济学家，或是部分民众的意愿决定的。考古，毕竟是一个专业性很强的行业，考古发掘工作，也是非常复杂的工程。

秦陵考古队队长段清波研究员说：“在当前的环境下，没有任何理由可以构成发掘秦始皇陵墓的借口。以发掘帝王陵墓为切入点，以文物带动旅游促进当地经济发展的观点，完全是一种幻想，也是一种杀鸡取卵的做法。此生也许看不到地宫的秘密，但仍愿把一生献给秦始皇陵的考古事业！”

段清波先生也称，除了技术不具备外，还必须考虑社会心态问题。目前国内的考古技术还不成熟，谁可保证出土的文物万无一失呢？我们当代人如果不遵循客观规律，只图一时的冲动与快感去发掘始皇陵墓，那么，后人非但不会赞扬我们的聪明睿智，反而可能会痛责我们因急功近利而导致后患无穷的愚蠢之举。

前文提及力主发掘秦陵的“学习外国”论，其实，外国对于帝陵也是多加保护的。复旦大学文物与博物馆学系陈淳教授说：“如今几乎没有一个国家主动开掘帝陵。” 他讲，考古界对现在打开秦始皇陵均持反对态度，因为发掘后，从技术上来说，不能保证能保护好这些文物。特别是壁画、陶器、纸质、绢质、丝质等文物的保护现在还是难题。

技术上的瓶颈常常会使文物的开掘成为破坏。秦始皇陵兵马俑在刚开始发掘出来时，表面有艳丽陶彩，但现在已经逐渐黯淡，甚至变黑；在长沙的马王堆汉墓发掘中，千年鲜桃却转眼化成一滩水。因此，“尽量不主动发掘”的理念在20世纪中后期成为考古界的国际共识。

有这样一种议论：“赶快把秦陵挖开，还是考古界发出的呼声呢？”他们还以老山汉墓和埃及金字塔的电视直播热为例说，考古工作者坐了多年冷板凳，突然到了聚光灯下，一时难免冲动：这是“富矿”啊！秦陵为何不开掘？

其实，这完全是一种误解。正是考古界认识了文物的特性及其珍贵，才始终反对发掘始皇帝陵。

北京大学考古文博学院赵化成教授说：“保护是第一的，保护好了才能研究。两害相权取其轻，做任何事情都要看利弊。文物中许多有

笔者采访秦始皇兵马俑博物馆副馆长田静，她说："两千多年来，秦始皇陵地宫中的各种因素，已经达到相对平衡和稳定的状态，在某种意义上说，不发掘将是更佳的保护环境。"

机物的保护比较困难，虽然有了很多办法，但还没有找到完美无缺的手段。帝陵不发掘，这是考古界的共识。"

秦陵考古专家张占民说："如果有人问我的态度如何？我实话实说，迟一天挖，比早一天挖更好。如果把地宫保存了2200多年的珍贵文物毁在现代考古学家手上，那不成了千古罪人！"

秦俑博物馆副馆长田静研究员说："现在急于发掘秦始皇陵，那完全是一种短视的行为，既没有迫切性，技术上也不能过关。两千多年来，秦始皇陵地宫中的各种因素，已经达到相对平衡和稳定的状态，在某种意义上说，不发掘将是更佳的保护环境。"

根据专家的推算，如果使用传统的考古钻探技术，要想全面了解秦始皇陵区地下埋藏情况，至少还需要200年！值得庆幸的是，现代高科技手段在考古学上的应用可以大大加快这一进程。然而对于人们最为关心的焦点话题：何时发掘秦陵地宫？文物主管部门和保护专家却给出了一个异常简洁明确且出乎绝大多数人意料之外的答复：那是遥远将来的事！

这是什么缘故？前文已述，不完全是技术和资金问题。如果说几十年前不发掘帝王陵墓，很重要的原因是资金和技术问题，而现在不挖帝王陵，更多的是出于文物保护理念的进步。

至于何时发掘秦始皇帝陵，有的说50年内不可能发掘，有的说

100年内不可能发掘。这是为什么？就此问题，笔者专访了秦俑博物馆馆长吴永琪研究员，他说了如下几方面的原因：

其一，贯彻文物保护政策的需要。现在文物保护政策是“保护为主，抢救第一，合理利用，加强管理”的方针，对帝王陵一般不主动去发掘。此项文物保护政策是从国内外的教训中吸取的。当今世界各国的文物考古机构，对于保存状况较好的大型遗址和墓葬，都制订政策，尽可能地保持文物的原生环境，一般不进行主动发掘。

笔者采访秦始皇兵马俑博物馆馆长吴永琪（右）后留
他说："秦始皇虽是暴君，但毕竟还是祖先。从民族
重祖先的道德取向来说，也是不允许随意挖掘祖坟的

其二，世界遗产保护的特殊要求。发掘秦陵费工费时费财，在没有十分必要的时候，应该不予考虑，加之秦始皇帝陵已经成为世界遗产名单中的一员，因此更要慎而又慎。埋于地下两千多年的文物，氧化、腐败只是下葬后的最初几年，后来微量氧化，现在相当稳定了。若贸然打开，文物受到湿度、温度、风、光以及外界震动的影响，随即发生变化。

其三，发掘秦陵确有难度。发掘秦陵必须是“大揭顶”的，要取掉封土，才能发掘，这就提出了一系列的问题：揭开封土以后，地宫面积20多万平方米，又不是短期内可以发掘得完的，如何保证在发掘中地宫的遗迹及文物不受风、雨、日光等自然因素的破坏？揭开封土发掘完后，封土如何再覆盖上去，保持原来的面貌？发掘出来的文物又怎样保护？等等，这些都是实际问题。

其四，从民族尊重祖先的道德取向来说，也是不允许随意挖掘祖坟的。旧社会那种挖坟鞭尸之为是一种仇恨发泄。秦始皇虽是暴君，

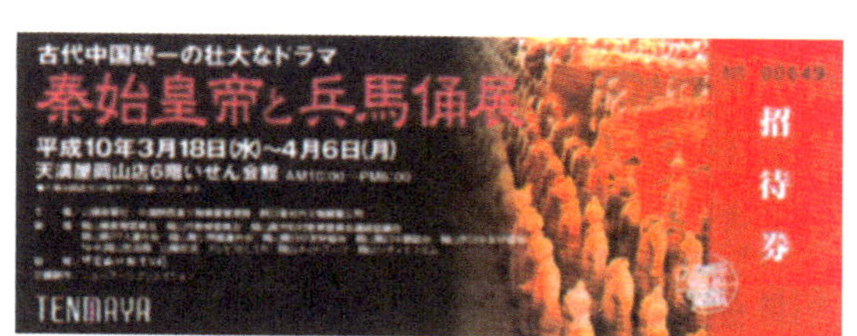

丰富遗产属于全人类，璀璨明珠显耀大中华。此为部分兵马俑外展入场券。

但毕竟是祖先。应该说，秦始皇功大于过，“过”也是从“功”中导致出来的。人都有一种好奇心，希望挖开来看个究竟，这可理解，但更要从尊祖道德上来考虑。

说到这里，吴馆长动情地说：“葬者，藏也，中国帝王陵是秘而不宣的。对于帝陵不可主动发掘，更不能为取悦于洋人去发掘。外国对于帝陵保护也有一套措施，不让人靠近观看，而在陵的周围用栅栏隔开，只能远距离观看，而秦陵不仅零距离观看，而且可以登陵观看。”还说：“贸然打开，墓里的文物将会顷刻发生变化，如此发掘等于破坏。在马王堆挖掘时，我亲眼看到墓室确有藕片，从左边移到右边，瞬间就没有了，这就是文物出土之后的变化。再说，祖先留下来的遗产，不能让我们这一代都给发掘了，要给子孙后代留着。”

是啊，文物作为人类文明的载体，是一种不可再生资源，它属于全人类的共同财富，一旦损坏，将永远消失。而文物保护的难度又相当大，诸如壁画、彩绘、简牍、织物等有机质文物的保护，更是世界性的难题。很多保护技术即使当时效果很好，但随着时间的推移，也无法预测长久的负面影响。其实，开挖的同时就意味着历史传奇魅力的失落，或为失望的开始。如果乾陵里什么都没有，像那个在亿万世人面前打开的空荡荡的金字塔一样，从此再也没了与想象同在的魅力。

对此，中国文物考古学界曾有过惨痛的教训！ 20 世纪 50 年代中期，就有专家私下里心存渴望：研究了这么多年，有生之年能看看“真相”多好！在老一辈历史学家郭沫若、吴晗、邓拓、范文澜等人的坚持下，明万历皇帝的定陵地宫被打开了。但这次鲁莽行动的后果，被一直持反对态度的著名考古学家夏鼐先生不幸言中：色彩鲜艳的丝绸类织物在接触空气的瞬间化为灰烬，大量有机质文物遭到毁灭性破坏，连万历皇帝的尸骨，后来也被“红卫兵”焚毁。定陵发掘的考古报告，也是时隔 30 多年以后才得以完成。因此，在十余年后，当郭沫若先生再次向国务院报请发掘明长陵及唐乾陵，被周恩来总理坚决否定后，曾题诗“待到幽宫重启日，延期翻案续新篇”，写出了他的失落与不甘。

时光进入 20 世纪 90 年代，在借鉴国内外文物保护先进经验和理念后，中国政府提出了“保护为主，抢救第一”的文物工作方针，为今后的文物保护和考古发掘确定了基本方向。因此，在面对国内外舆论和社会各界对发掘秦始皇陵地宫的关注时，国家文物主管部门及文物考古界的专家学者，都旗帜鲜明地表达了反对的意见。

国家文物局文物保护司副司长宋新潮：“把它们留在没有开掘过的墓葬里更好，墓内稳定的状态更适合文物长时间保存，至少目前的技术能力和人工环境远远不行！”

中国社会科学院考古研究所所长刘庆柱：“发掘秦始皇陵必须具

高昂士气，雄兵守陵。此为二号坑彩绘跪射俑出土现状。

备这么几个条件：其一，秦始皇陵是中国历史上最大的帝王陵墓，是我们的，也是我们子孙的，对它的发掘必须要具备好的条件；其二，文物是不可再生的，特别是像秦始皇陵这样极其重要的文物，保护条件不好，损失就会很大。也就是说，必须有万无一失的保护条件；其三，国际上，对一切考古发掘都有着严格的要求，对古遗址都是不主动去发掘。正因为如此，在短期或在一个相当长的时间内，是不会主动对秦始皇陵进行发掘的。”

在文物考古工作者和社会各界的积极努力下，陕西省政府正通过立法等程序对秦始皇陵进行保护。将秦始皇陵区划分为重点保护区和建设控制地带，对可能影响文物安全、环境景观的各种行为做出了严格的限制和规范。

基于上述原因，张文立、张敏在《秦始皇帝陵》一书中提出：“秦始皇帝陵的发掘，涉及到政治、经济、文化、科技各个方面的因素，是一个系统工程。这就决定了它是遥远的未来，只能耐心地等待，甚至要等待几代人。当然，如果出现某种偶然的奇迹，那就是另一回事了。”

附录：有关记载始皇陵地宫的原始文献

为了便于讨论，兹将记载始皇陵地宫的有关原始文献录出。

《史记·秦始皇本纪》载，三十五年（公元前212年）

“隐宫徒刑者七十余万人，乃分作阿房宫，或作丽山。发北山石椁，乃写蜀、荆地材皆至。”

《史记·秦始皇本纪》载，三十七年（公元前210年）

“始皇初即位，穿治郦山，及并天下，天下徒送诣七十余万人。穿三泉，下铜而致椁，宫观百官奇器珍怪，徙臧满之。令匠作机弩矢，有所穿近者，辄射之。以水银为百川、江河、大海，机相灌输。上具天文，下具地理。以人鱼膏为烛，度不灭者久之。”

“九月，葬始皇郦山。……葬既已下，或言工匠为机，臧皆知之，臧重即泄。大事毕，已臧，闭中羡，下外羡门，尽闭工匠臧者，无复出者。”

《史记·秦始皇本纪》正义引《关中记》云：“始皇陵在骊山。泉本北流，障使东西流。有土无石，取大石于渭（山）[南]诸山。”按此处的“南”应为“北”之误。

《史记·秦始皇本纪》正义引《广志》云:“鲵鱼声如小儿啼,有四足,形如鳢,可以治牛,出伊水。”又引《异物志》云:“人鱼似人形,长尺余。不堪食。皮利于鲛鱼,锯材木入。项上有小穿,气从中出。秦始皇冢中以人鱼膏为烛,即此鱼也。出东海中,今台州有之。”又按曰:“今帝王用漆灯冢中,则火不灭。”

《汉书·刘向传》:“始皇葬于郦山之阿,下锢三泉。……石椁为游馆,人膏为灯烛,水银为江海,黄金为凫雁。珍宝之藏,机械之变,棺椁之丽,宫馆之盛,不可胜原。”

《汉书·贾山传》:“始皇葬骊山,吏徒数十万人,旷日十年,下彻三泉。合采金石,冶铜锢其内,漆涂其外。被以珠玉,饰以翡翠。中成观游,上成山林。为葬　薶之侈至于此……”

《汉旧仪》记载秦始皇“使丞相斯将天下刑人徒隶七十二万人作陵。凿以章程,三十七岁,锢水泉绝之,塞以文石,致其丹漆,深极不可入。奏之曰:‘丞相斯昧死言:臣所将隶徒七十二万人治骊山者已深已极,凿之不入,烧之不然。叩之空空,如下天状。’制曰:‘凿之不入,烧之不然,其旁行三百丈乃止。’”

《水经注·渭水》："秦始皇大兴厚葬，营建冢圹于郦戎之山（一名蓝田山），其阴多金，其阳多玉。始皇贪其美名，因而葬焉。斩山凿石，下锢三泉，以铜为椁。旁行周回三十余里。上画天文星宿之象，下以水银为四渎、百川、五岳、九州，具地理之势。宫观百官奇器珍宝充其中，令匠作机弩，有所穿近，辄射之。以人鱼膏为灯烛，取其不灭者久之。"

王嘉《拾遗记》："昔始皇为冢，敛天下瑰异，生殉工人，倾远方奇宝。于冢中为江海川渎及列山岳之形。以沙棠沉檀为舟楫，金银为凫雁。以琉璃杂宝为龟鱼。又于海中作玉象鲸鱼。衔火珠为星，以代膏烛。光出墓中，精灵之伟也。"

晋人潘岳《关中记》："骊山无此大石，运取于渭北诸山。故其歌曰：'运石甘泉口，渭水为不流。千人唱，万人相钩。'"晋人张华《博物志》作"又运取大石于渭北渚，故歌曰：'运石甘泉口，渭水为不流。千人唱，万人讴，金陵余石大如坵。'"